聊天是门技术活

◎ 吴琦 | 著

化偶遇为机遇的聊天术

CHAT

人民邮电出版社

北京

图书在版编目（CIP）数据

聊天是门技术活：化偶遇为机遇的聊天术 / 吴琦著
. -- 北京：人民邮电出版社，2014.6（2019.1 重印）
ISBN 978-7-115-35504-1

Ⅰ．①聊… Ⅱ．①吴… Ⅲ．①语言艺术－通俗读物
Ⅳ．①H019-49

中国版本图书馆CIP数据核字(2014)第083709号

内 容 提 要

说话聊天看似一件最普通不过的事，但其实并非如此。

俗话说："一句话能把人说得笑，一句话也能把人说得跳。"所以说，并非每个人都是会聊天、会说话的。一个会说话、会聊天的人，每说一句话都能让人如沐春风、温暖无比；而不会说话的人，说出来的话却会令人如坠冰窟，不但让别人难堪，还可能将自己置于尴尬甚至不利的境地。

本书内容精炼，语言流畅，通过通俗的故事及精彩的事例，向读者介绍了 55 种聊天、说话的技巧。这些实用有效的口才锦囊，一定能帮助读者更加充分地掌握说话技巧，提高语言表达能力。

◆ 著　　　　吴　琦
　　责任编辑　任忠鹏
　　执行编辑　张婷婷
　　责任印制　周昇亮

◆ 人民邮电出版社出版发行　　北京市丰台区成寿寺路 11 号
　　邮编　100164　　电子邮件　315@ptpress.com.cn
　　网址　http://www.ptpress.com.cn
　　北京虎彩文化传播有限公司印刷

◆ 开本：700×1000　1/16
　　印张：16.25　　　　　　　　2014 年 6 月第 1 版
　　字数：260 千字　　　　　　2019 年 1 月北京第 18 次印刷

定价：39.80 元

读者服务热线：(010)81055256　印装质量热线：(010)81055316
反盗版热线：(010)81055315
广告经营许可证：京东工商广登字 20170147 号

前　言

如果有人问你："你会聊天吗？"相信你一定会是一副嗤之以鼻的态度——这不是我们每天都在做的事情吗？

的确如此。我们每天都在聊天，与亲人聊，与朋友聊，与同事聊；上班聊，下班聊；电话聊，短信聊，网聊……简直没有一刻停歇，你怎么能问我会不会聊天呢？

但如果再问你，你聊天的效果如何？你能很快把一个陌生人变成朋友吗？你的聊天内容能吸引别人吗？你在恭维别人时，是否能让对方笑逐颜开、满心愉悦？你在发表讲话时，能否镇静自若、妙语连珠？你在求人办事时，能否做到"语到事成"？在这些问题面前，相信很多朋友都不能给出非常肯定的回答。

其实，说话聊天看似一件最普通不过的事，但其实并非如此。俗话说："一句话能把人说得笑，一句话也能把人说得跳。"这也说明，不是每个人都是会聊天、会说话的。一个会说话、会聊天的人，每说一句话都能让人如沐春风、温暖无比；而不会说话的人，说出来的话却会令人如坠冰窟，不但让别人难堪，还可能将自己置于尴尬甚至不利的境地。

因此，不要认为说话聊天就是心里有什么说什么，也是要讲究技巧和方法的。

戴尔·卡耐基曾说："良好的口才，可以让人倾心于你，结交更多的朋友，替你开辟人生之路，让你获得幸福。"的确如此。在现代社会中，说话的作用显得愈发重要。巧舌如簧，口吐莲花，会令你柳暗花明、左右逢源；笨嘴拙舌，词不达意，会让你四处碰壁、寸步难行。要想让自己脱颖而出，就一定要拥有一副优秀的口才，让自己成为一个会说话、会聊天、会交谈的人。

为了让更多的读者能克服交流沟通中的恐惧和障碍，打开自己的社会人脉，用口才改变人生，获得友谊和成功，我们特意精心编写了本书，让你知道"聊"真不是简简单单地"话从口出"，而是一门技术，更是一门艺术。只有掌握了这门技术，精通了这门艺术，你才能真正提高自己的说话能力，称得上是一个聊天高手。

本书内容精炼，语言流畅，通过通俗易懂的小故事及有实际功效的事例，向读者介绍了55种说话聊天中的技巧及注意事项。俗话说："话到嘴边留半句，不可全抛一片心"，本书不仅向大家介绍了你该什么时候说、该怎么说，也告诉了大家哪些话不能轻易说。这些不可不知的实用口才知识，相信一定能帮助读者更加充分地掌握说话技巧，提高语言表达能力。

同时，本书在每一节的后面，还精心设置了诊"聊"室环节，以帮助大家更好地认识自己、剖析自己，发现自己的口才不足，强化自己的谈话优势。

我们相信，掌握了本书中的技巧和方法，规避了本书中告诉大家的交谈注意事项，你一定能在社交活动中如鱼得水，游刃有余；在职场中应对自如，节节高升；在朋友面前谈笑风生，口吐莲花；在恋人面前浓情蜜意，无限温情。总之就是：跟谁都能聊！

目 录

contents

前言

part ① 跟谁都能聊，没你想得那么难

part ② 有了好印象，不怕聊不"嗨"

part ❸ 还有什么比兴趣更重要

part ④ 聊什么？你有谈资吗？

part **5**　先读心，后说话

目 录

contents

part 6 说到心坎里，一句顶万句

目 录

contents

part 7 糟糕的话术让你使人生厌

目 录

contents

part 8 学会和陌生人说话

Part 1

跟谁都能聊，没你想得那么难

1. 重要的是聊天的氛围，而不是内容

在社交活动中，大家都希望出现一个令人愉悦的氛围，希望看到让人兴奋的场面。但事实上，与一些人交流起来实在枯燥无味，甚至让人感到非常难受。在这种情况下，就需要有善于聊天的人出来适当活跃一下气氛，让社会气氛变得更有趣、更吸引人一些，而能够制造出这种氛围的人也会更受欢迎。

善于聊天的人之所以能把谈话交流的气氛营造得很热烈，并不仅仅是因为他比别人懂的知识多，或者声调比别人高，或者是最会讲笑话，或懂得"控制"谈话的方向。聊天聊得好，其实算不上什么秘密，甚至一点儿也不困难。只要谈话态度轻松，并能设法找出对方喜欢的话题，尽量让对方发言，就能让气氛变得很融洽。至于聊天的内容，海阔天空，并不重要，只要氛围有了，彼此跟谁都能聊上几句，互相之间也能很快从陌生人变成朋友。

在我国某市，有一个极具人情味的服务项目——全天候电话聊天。每个月都有近百名孤单寂寞者拨打这个电话。主持这个电话的专家们最得人心的一句话是："今天我也和你一样，感到孤单、寂寞、无助……"这句话一下子就表达出对孤单寂寞者的充分理解之情，因而也产生了一种强烈的共鸣感，很多人马上就能感受到一种种很适合与对方聊一聊的氛围。至于聊什么，反而变得不那么重要了，反正聊完后，自己心里感觉很舒畅、很放松。

"沉默是金"，这句话在聊天的场合有时是根本行不通的，甚至会被

认为是非常不礼貌的。反之，如果你是个善于打破沉默、能带动气氛的人，相信走到哪里你都会受到欢迎。你不但不会让聊天的气氛过于沉闷，也不会让那些自以为是的家伙一直强迫别人听他的讲话，懂得适时转变话题，让大家都有台阶下。

那么，如何才能成为一个善于活跃聊天气氛，走到哪里都受欢迎的人呢？下面这几点建议希望对你有所帮助。

（1）几句夸张的赞美，就能让整个气氛变得异常活跃

新朋友、新同事见面后，肯定免不了要彼此介绍寒暄一番。若你能利用好这个活跃气氛的最佳时机，充分调动自己的智慧，发表一番生动有趣的"自我介绍"，一把他们每个人的才能、成就、天赋、地位、特长等进行一番适度夸张的炫耀与赞美，定能让大家觉得自己深深为你所了解、所倾慕。尤其是利用这种方式把朋友推荐给第三者，谁都不会计较对方信息的真实性。要知道，每个人都希望自己的优点和长处被发扬出来，如果你能做到这一点，把对方抬得极高，却又没有虚伪、奉承之感，定会立即让整个气氛变得异常活跃。

另外，在其中加入一点善意、有分寸的调侃，也不会被当成是坏事。相反，大家会觉得这样更加显得无拘无束，是一件极为惬意的乐事。例如，在介绍完一个人的优点、才华后，捎带加上这么一句："老李以前可是个大胖子呀，你看看现在，简直就是一副迷倒众生的模特身材嘛！"一句"大胖子"调侃了朋友，但紧接着后面的一句又赞美了他的"模特身材"，即使有点恶作剧，也能产生出人意料的欢快效果。

（2）涉及热点话题，引起大家的共鸣

和朋友聚会聊天最怕冷场，没了气氛，这样大家都会觉得尴尬。或者只

有一个人在唱独角戏，大家都只能当听众。这是让人很难受的。

如果你碰巧遇到了这种情况，那么就要想点办法，适当地活跃一下气氛。要知道，成功的社交应该是众人都能畅所欲言，各自表现自己的最佳才能，进行最精彩的表演。要达到这个目的，你就要善于讲点当下的热门话题，引起大家的共鸣。当然，你要讲的话题要贴合周围朋友的层次水平，不能对着一群学者朋友讲当下明星的风流韵事。虽然聊天重要的是气氛，但也不能完全忽略内容，这样不但不能活跃气氛，反而会引起别人的反感。

如果你是跟一群学者朋友相聚，那么不妨讲讲当下的一些热点学说等，积极调动大家的谈话热情，彼此间各抒己见，气氛才会更热烈。

（3）幽默、自嘲是活跃气氛的最佳调料，是交际成功的一根魔杖

幽默是聊天活动的必需品，所起的作用也奇妙无比。美国的一位心理学家说过："幽默是一种最有趣、最有感染力、最具有普遍意义的传递艺术。"幽默的话语，可以让社交气氛变得轻松、融洽，更有利于彼此间的交流畅谈。而且，幽默有时还有自我解嘲的功用，用几句幽默的语言来自我解嘲，就能在轻松愉快的笑声中缓解紧张尴尬的气氛，从而让聊天气氛重新变得融洽。

所以，在聊天时，如果不小心陷入尴尬，那你不妨就拿自己开涮吧，至少自己"嘲讽"自己是安全的。智者的金科玉律就是：不论你想笑别人怎样，都先笑你自己。

传说古代有个石学士，一次骑驴时不小心摔在地上，可他不慌不忙地站起来说："亏我是石学士，要是瓦的，还不摔成碎片？"一句妙语，说得在场的人哈哈大笑，自然这石学士也在笑声中免去了难堪。

按照这个逻辑，如果你是个胖子，不小心摔倒了，就说："如果不是这一身肉托着，还不把我的骨头摔折了？"换成瘦子，又可说："要不是重量轻，这一摔就成肉饼了！"

自我解嘲是幽默中最高明的，在自我贬低、自我解嘲的过程中，你不但能活跃气氛，还能增加他人对你的好感，拉近与陌生人的距离，快速获得别人的接受。哈哈一笑中，大家往往也能放松自己，再次投入到畅谈之中。

诊"聊"室

你不知道自己是不是一个能活跃聊天气氛的人，那么就来试着回答下面几个问题吧。

（1）你在朋友或同事中是个受欢迎的人吗？

_____

（2）你认为自己的哪些个性特点最受朋友们喜欢？

_____

（3）你会经常在聚会的气氛达到高潮时，反而有一种强烈的失落感吗？

_____

（4）在参加聚会或公共活动时，你总是想方设法坐在自己认识的人身边吗？

_____

（5）你认为自己在社交中的最大优势是什么？

_____

2. 聊天中避免不必要的争辩

有时为了追求真理，双方在交流时发生争辩是在所难免的。但是，如果是在聊天过程中，几个人争得面红耳赤，那实在没有必要，对双方的时间和精力都是极大的浪费。

争辩的结果是什么？就是令争执的双方更加坚信自己是正确的，而最终可能谁都无法说服对方。即使表面上你获得了胜利，实际上也与失败没什么区别，因为你可能伤害了对方的自尊心，令他对你心怀不满。如此一来，你就可能失去他这个朋友，他以后恐怕也很难再与你成为"聊友"了！

美国心理学家布斯和鲍顿曾调查了 1 万个真实的争辩事例。他们用录音机录下了社会各阶层人士之间的争辩，包括出租汽车司机与乘客、丈夫与妻子、推销员与柜台服务员，甚至包括联合国的辩论。随后，他们对这些录音进行了细致的分析，结果惊讶地发现：那些职业的辩论家，包括政治家和联合国代表，他们的意见被接受的成功率反而不如走街串巷争取客户的推销员的成功率。为什么会这样？原因就在于：专业的争辩目的在于找到对方的弱点进行驳斥，进而达到推翻其意见的目的；而推销员的目的却是尽量远离争辩，只是尽力找出一个观点让对方能接受、赞同或改变主意。

美国著名成功学大师卡耐基指出：普天之下，只有一个办法能从争辩中获得好处——那就是远离它。美国前总统罗斯福对于他的反对者，总是和颜悦色地说："亲爱的朋友，你到这里来和我争执这个问题，真不错！但在这点上，我们两个人的见解不同，让我们先来聊些别的话题吧！"于是，他就会在接下来的谈话中逐渐施展出一种诱惑的手段，让对方一点一点地放弃自己的观点，而去接受他的观点。

事实上，当一个人的自身修养达到一种很高的境界时，他是不会在聊天中加入争辩者阵营的。即使交流时出现了不同意见，他也会尽量避免用争辩的方式解决，因为许多事情是根本不值得我们拿友谊为代价而换取争辩取胜的。如果你非要这样做，就等于你的精力和时间都不值钱，更不要说还有损害人际关系的危害了。除非彼此都能虚心地、不存半点偏见地在某个问题上专门讨论外，一切聊天中的争辩都应避免。

要想学会在聊天中避免不必要的争辩，你可以从以下几个方面多努力。

（1）能够接受不同的意见，且不要急于为自己辩解

在会议室里，你可以因为不满意一个方案而反复与人争辩，甚至争得面红耳赤。这是关系公司利益的大事，值得你用全部精力去争取。但在私人谈话中，你完全没必要如此较真儿。当你的观点遭到反对时，不要急于与对方争辩，而是耐心地听完对方的所有观点，客观地分析思考，说不定真能从中获得极大的益处呢。

即使你也不赞同对方的观点，那么也不要马上站起来反对，不妨这样提醒自己："关于这一点，我能不能在无损大局的前提下让步一下呢？"为了让对方顺从你的意见，你可以尽量做些"小让步"。有时为避免这种反对，你甚至可以将自己的主见暂时收回一下。

如果对方对你的主要观点仍然十分反对，那就努力把这个问题延缓下去，不必力求解决。这一方面能让对方得到重新考虑的机会，另一方面也能让

你自己有重新决策的机会。

（2）充分考虑对方的观点，敢于承认自己的错误

首先，我们每一个人都应该意识到自己思维的局限性，所以，保持谦虚学习的态度和多听取他人意见的心态是非常必要的。在聊天中，对方提出的观点可能也存在正确的一面，所以我们不要以自己的"偏"去概别人的"全"，也要听听别人的意见才行。如果对方觉得受到了你的尊重，争辩也就不可能发生了。

在听取别人的意见后，如果你发现真的是自己错了，切不要为自己的错误找各种理由，那样只会欲盖弥彰。你不如诚恳地向对方坦白自己的错误，并请求他的谅解，别人是不会拒绝的，这样彼此也就不至于争论起来了。

（3）很多时候，我们没必要发表任何言论

与他人争辩，表达自己的观点，是人的一种偏好。普通人都不喜欢自己被别人忽视，愿意发出自己的声音。但是，一般的人，有几个能真正有虚心待人的气度呢？如果你有，你可能也不会言之凿凿地去与他人争个高低了。不仅从胸怀上看，有很多人都接受不了他人的反面意见，而且还有很多实质性的问题、不可动摇的基础问题，如立场、原则、利益、主张等，它们往往不是你发表几句言论就能改变的。再堂而皇之、掷地有声的意见，一遇上它们可能都发挥不了多大的作用。不仅他人如此，你自己可能也不例外。

只是，你在与他人争辩、发表自己的言论时，可能只是一时热情、一时兴奋，并没有太深入地考虑相关的利益关系，但对方在听完后，可能并不会像你这样想。相反，对方还可能很反感、很在意，并因此与你争辩起来，而且还非要一争高下不可。你认输了，对方可能还会咄咄逼人、试图报复，非让你下不了台；你获胜了，对方可能更加记恨在心，想着日后找机会"修理"你。如此，实在不利于人际关系的维护。

在这样的情形下，如果某个问题不是非要争辩出个高低上下才行，你实在没有必要为难自己和他人，因为这样你最终会成为一个不受欢迎的人。

诊"聊"室

你在聊天时是否经常与他人争辩？如果不确定，回答下面几个问题。

（1）你自己认为自己是个争强好胜的人，凡事都想分个胜负吗？

_____

（2）不妨问问你的朋友或同事，他们是否认为你是个爱争执、爱较劲的人？

_____

（3）你认为在交谈或聊天过程中，争辩是不是一种好的说话习惯？为什么？

_____

（4）如果因为一次争辩，你在同事间产生了不好的影响，你打算怎么做？

_____

（5）当你被别人误解时，你觉得很委屈，此时你打算如何处理这件事？

_____

（6）在闲聊时，有个人非要与你就某个问题争个胜负，你会怎么做？

_____

3. 没话找话也是一种本领

健谈的人通常都很善于寻找话题。有人说：在交谈、聊天中，一定要学会没话找话的本领。无论怎样，一个陌生人接近自己，总会有一种突兀感。在初始阶段，破除陌生和不安全的感觉很重要。在到达让人舒服的交流状态之前，没话找话是很好的选择。所谓"找话"，也就是找到合适的交谈话题，因为合适的话题是初步交谈的媒介、深入细谈的基础、纵情畅谈的开端。

什么是合适的话题呢？就是至少一方熟悉，能谈得来话题；大家感兴趣，都喜欢谈话题；有展开探讨的余地，比较好谈话题。如果能找到这样的话题，那么你就比较容易赢得对方的好感，与对方愉快地聊起来。

在《风云对话》中，凤凰卫视的节目主持人、评论员阮次山曾访谈新西兰那时新上任的年轻帅气的总理约翰·基，他的开场白是这样的："听说您的手臂摔伤了，现在好些了吗？"

总理笑了一下，答道："已经没事了，我当时是在一个庆祝中国牛年新年的活动中不小心滑了一下，用手撑地，就骨折了。他们给我打了石膏，后来这个石膏拍卖所获得的款项都已经捐给了慈善基金会。"

"您确定已经没事了吗？"

"哈哈，没事。"约翰还随意做了个动作。

从这个轻松的话题开始，阮次山开始了对总理的访谈。

交谈是建立良好人际关系的基础，是促进人与人之间感情进一步融洽的润滑剂，也是传递信息的重要渠道。在当今社会中，生活节奏越来越快，人际交往越来越广泛，与陌生人交谈的机会也越来越多。但如何与陌生人快速交谈，并取得交朋友的效果，却是值得我们学习和注意的。

（1）要与陌生人变成熟人，必须有敢于交谈的勇气

不知道你是不是这样的人：一见到陌生人就感到浑身不自在，总是"不好意思"去跟对方交谈；或者感到无从启齿，不知道该从哪里开始交谈。无奈之下，或局促一角，尴尬窘迫；或欲言又止，有话说不出；或说话生硬，令人产生误解……出现这些现象的原因之一，就是你缺乏和陌生人交谈的勇气。

但是，一个没有勇气同陌生人交谈的人，又怎么能与对方变得熟络并成为朋友呢？所以，我们还是应该让自己鼓足勇气，试着去激起谈话对方的某种情绪，让他能打开话匣子，与我们交谈起来。当然，你要尽力让自己的谈话显得有趣，能刺激起对方的聊天兴趣才行。

（2）对对方表现出兴趣，让对方感到自己的被关注

任何一个人都希望自己是被关注、被重视的，所以，你要激发起对方的交谈兴趣，不妨表现出对对方的兴趣，让你的好奇心教你接下来该说些什么。

例如，"你穿得怎么这么少！今天挺冷的啊！"请注意，这不是在谈论天气，而是在表达你对对方的一种关心，是在告诉他——我有在观察你，我对你很有兴趣，我们聊聊吧。这是在发出邀约。

再如，对方手里拿着一件东西，你可以试探地询问："这是什么？看来你在这方面一定是个行家，正巧我有个问题想向你请教。"以这样的话术开始谈话也显得非常自然。

对对方的一切表现出浓厚的兴趣，通过媒介物引发对方表露自我，交谈也就能顺利地进行下去了。然后，你再以此为基础找出共同语言，就可以很快缩短彼此之间的距离。

（3）用恰当的话来试探对方，以此展开话题

两个不是很熟悉的人见面，往往相对无言。为了打破这种沉默的尴尬局面，首先就是要有人开口讲话。

你可以先采取自言自语的方法，例如，"天太热了！"对方听了这句话后，便可能会主动回应你，从而将谈话继续下去。

还可以以动作开场，比如帮对方一点小忙，如推一下行李箱、取一下东西等，对方在向你表示感谢时，话题也能就此打开。

此外，你也可以发现对方的口音特点，找到可以聊天的话题。例如，听出对方是东北口音，就问一句："你是东北人吧？"以此也能展开交谈。

在开口交谈后，下一步就是如何将谈话进行下去。在正式场合或与西方人交谈时，注意不要谈薪水、银行存款等有关金钱的问题。例如，开口就问："你一个月挣多少钱？"这是很不礼貌的，会引起对方的反感，交谈也可能就此无法进行下去了。

另外，也不要问类似于"你结婚了吗？"或"孩子多大了？"等问题。当代社会男婚女嫁的传统风俗正在改变，有的人选择独身，还有很多丁克家庭、单亲家庭等。这些个人婚姻方面的话题通常都被认为是非常隐私的，谈及这些隐私话题也很容易导致交谈失败。

（4）让自己的语言具有感染力，把话说得得体、有情感

在初次交往时，没话找话除了要找准话题外，还要说得得体、有感情。白居易说："动人心者，莫先于情。"意思是说，要跟人说话聊天，要达到"快者掀髯，愤者扼腕，悲者掩泣，羡者色飞"的效果，必须要有真挚的情感。如果你自身对所聊的内容都缺乏热情，语气显得冷漠、无动于衷，又怎么能感染对方，激起对方心灵的共鸣呢？

只有自己的内心先充满热情、愉快，才能通过语言表达出你内心的这种

情感，并让对方得到感染，产生与你畅聊一番的兴趣。

诊"聊"室

你在聊天的过程中是否能够很快找到话题？试着回答下面的几个问题。

（1）哪些话题最能引起你的兴趣，让你有与别人交谈的欲望？

_____

（2）你会经常觉得跟别人多聊几句就很没意思吗？

_____

（3）你是个只会对一些很信任的朋友才愿意吐露自己心事的人吗？

_____

（4）当别人说话时，即使他的话题你并不感兴趣，你也会认真地表示关注吗？

_____

（5）你是不是一旦见到陌生人或在人群中，就觉得好像无话可说？或只对一部分人才有话说？

_____

4. 真正有魅力的人总是带着个性去交谈

在时尚界里有这样一句名言："韶华易逝，风格永存。"一个人的穿着和行事要有自己的风格，这才能成就永恒的时尚经典。风格始终是经典的来源，任何事物与鲜明的风格挂上钩，都会成为一种经典。

一个歌手拥有自己的演唱风格，才更容易被听众记住；一个主持人有自己的主持风格，才能得到观众的关注；一个人有自己的着装风格，才能给人留下鲜明、清晰的印象。同样，一个人有自己独特的说话风格，才有足够的吸引力，即便只是只言片语，也能获得他人的关注。

在美国依阿州的锡格尼市有一家凯欧库克旅馆，方圆几十里的流动推销员不论远近都喜欢来这里投宿。原因在于这家旅馆的老板"快乐的韦勒"是一个非常有特点的人，特别是在说话时。无论对哪位客人，他总能说出几句好听的话，从来没有对一位客人说过一句不动听的话，而且话里总是充满了调侃有趣的味道，这让客人们都很喜欢与他攀谈。这种独特的说话风格也让这位老板的生意节节高升，最终成为当地一位十分有名的富翁。

鲜明独特的说话风格能让一个人散发超凡的魅力，如同给自己贴上一块颜色鲜明的磁石，吸引那些对此感兴趣的人，让人们永远不忘。怎样才能让语言独具风格、与众不同，让自己的聊天更有特点呢？你应该从以下几个方面入手。

（1）要想带着个性去交谈，就要认清自己的个性

风格的另一个解释是个性，也可以说，一个有个性的人，才会在处事中体现出自己的风格。想成为一个在聊天时有独特风格的人，你首先就要了解自己的个性，不随波逐流，不刻意模仿他人或是用别人的个性方式做事，否则会让别人看起来非常别扭。

好了，现在认真想想自己的性格，从日常的生活琐事中你会得到答案。你喜欢和一群人在一起说说笑笑吗？还是习惯和三五好友深度畅谈？抑或在众人面前如同一只受了惊吓的松鼠，话少得很？凭着自己对自己多年的了解，判断出自己的性格特征应该再简单不过了。

你是内向的人还是外向的人？结果是什么都不要紧，好口才与性格内向或外向并无直接关系。你的性格能够帮你建立一种个性，进而建立一种风格。当你明确自己的个性，并愿意带着这种个性去说话时，你的说话风格便开始构建起来了。

（2）用舒服的说话方式会让每个人都喜欢你

如果你见到一个人在说话时装腔作势、做作无比，你是不是感觉很恶心？其实他自己也不舒服。这就好比穿上了一双挤脚的鞋，那种滋味只有自己才能体会，走起路来也步履蹒跚，不能给他人任何美感。

释放自我风格的前提是要释放自我。不论别人对你的语言风格是否接受，先找到自己认为最舒服的说话方式。当然这并不是叫你在众人面前无所顾忌。找个安静的地方，和猫猫狗狗做一番对话，或者干脆对着墙壁说出最能让自己舒服的语言，找到最能释放自我感情的说话方式。

注意，这只是个阶段性成果，但它能帮助你更快地发觉那个潜在的自己，千万不要急着把它用到日常交往中。

（3）人们永远都只喜欢真实的你

风格的产生源于与众不同的个性，当你开始在语言中讲述真实的自己时，你的说话风格就已经形成了。也就是说，你的语言已经代替你告知别人你是一个什么样的人，使你吸引到对你的风格感兴趣的人，这是一种无声的吸引力。

不要以为夸夸其谈能够吸引别人的注意，只有积蓄自己内心的力量，通过语言表现出最真实的自己，你在别人眼中的印象才是深刻的。风格不是自我标榜，更不为哗众取宠，它是一种本我的体现，是由内而外散发出的魅力。在说话时，你不必刻意掩饰什么，你应该通过语言表达你内心的意思，展现真实的你，让别人记住你就是你。

当然，在社交中无所顾忌地表现自己是可怕的，你应该在体现真我的基础上学会摒除那些对你不利的因素。例如，某人的话令你怒不可遏，你甚至想大声骂他一顿，但那是不懂事的小孩子做的事。如果你真的这样做了，无论你是对是错，这都会瞬间驱散你的吸引力，使你的形象大打折扣。

在此之前，你需要了解社交的原则，修炼你的身心，充实内在的自我，在日常生活和工作中形成自己的风格。

（4）时时矫正，避免暴露性格中的弱点

也许你已经找到自己的风格了，但你的语言并不一定得到别人的喜爱和关注。这很正常，每个人都有性格上的弱点，完美的个性是不存在的。但你总会发现，一些人在自我言说时表现出前所未有的完美，仿佛那些语言说的就是他们自己。别怀疑，并不是他们真的完美无缺，而是因为他们说话时善于修正自己性格上的弱点，以保持说话风格的鲜明性和吸引力。

例如，一个性格急躁的销售员请求客户回答一个问题，但客户迟迟不开口，或许销售员心里已经急得要命，但他能火烧火燎地催促客户吗？当然不能。对这个销售员来说，用一种更亲和、更关心对方的询问方式请求客

户做出回答，是最明智的方式。

对我们来说，性格中最歇斯底里的部分，只能留给白墙和没有人的地方，不要期望着别人能理解甚至接受你性格中的弱点，你应该自己去消化它、克服它，然后充分发挥性格中可爱的部分，让自己显而易见的风格变得更可爱，这样你才能受人欢迎。

诊"聊"室

如果你不确定自己的说话风格，那么可以试着回答以下问题。

（1）你平时喜欢穿什么风格的衣服？

_____

（2）回想一下，周围的朋友和同事曾经说过的你的做事风格是什么样的？

_____

（3）你最厌恶的沟通方式是什么样的？或者说你最不喜欢谁的说话风格？

_____

（4）你了解自己的性格吗？你的性格弱点是什么？你性格中最受人喜爱的部分是什么？

_____

（5）问问你身边的人，你的语言给他们留下了什么印象？

_____

（6）那么，你的性格特点和说话风格是什么样的呢？

_____

5. 聊天是沟通，不是一言堂

聊天的基础是对话，有对话才能有交流，有交流才能产生情感。一次成功的交谈或聊天，也像一场接力赛一样，每个人都是集体接力的一员，即要接好棒，又要交好棒，棒在自己手上时，要尽心尽力跑好；棒到他人手上时，应该为之喝彩、为之加油。如果你把聊天变成了你自己一个人的独白，就算你讲得眉飞色舞，口干舌燥，也没人愿意为你鼓掌喝彩。所以，一个真正的聊天高手，千万别把自己的角色变成"一言堂主"。

琳达和艾莉本来是很要好的朋友，经常一起玩，但由于工作原因，琳达必须经常到外地工作，但她们会利用网络聊天。本来女孩子互相聊聊自己的情感是件好事，但艾莉每次在网上说完自己这段时间又交了几个男朋友，又怎么分手的事情后，就跟琳达说很忙，要下线了。琳达曾向其他朋友诉苦说："艾莉每次说完自己感情上的事情就跑了，从来不听我说说，真是的！"久而久之，琳达就不愿意再与艾莉联系了。

聊天或交谈时，只聊自己，不聊别人，也不给别人说话的机会，对别人的工作和生活视若无睹，不考虑别人的感受，别人自然会反感你。

所以，我们在交谈或聊天时，不要总是以自我为中心，不然就失去了聊天的意义。聊天的目的就是为了增进彼此间的沟通、交流，如果你总是以自我为中心，不停地说自己的事而不顾及别人的感受和看法，那么聊天就成了一言堂，成了你一个人的"报告会"，慢慢也就没人再愿意与你交流了。

那么，怎样才能让聊天不成为你自己的一言堂呢？下面几点你在聊天时应该多注意。

（1）注意了解对方现在的情况，鼓励对方说一说

不管是刻意也好，还是无意也罢，我们在聊天的过程中都要注意了解对方的情况，比如学习、工作情况等，鼓励对方也说一说，增进彼此的沟通交流。

如果我们不了解对方的情况，也可以适当问问对方，比如在哪里工作，住在哪里，有哪些兴趣爱好，喜欢吃什么，等等。大部分人都能接受被别人询问诸如此类的话题，而且还能产生一种被别人重视的感觉，也有了深入聊下去的可能性。

（2）每个人都有倾诉的欲望，满足对方的这个愿望，聊天才能更顺畅

在社交场合中说话，同站在教室中教课或站在演讲台上演说是有很大不同的，教课和演说只让你一个人说话，别人很少能插嘴。而在社交场合当中，交谈的双方彼此处于对等的地位，如果你一个人一直滔滔不绝，那么对方就没有了说话的机会，完全是你说别人听了。这样一来，你肯定不会受到别人欢迎，甚至还会被别人厌恶。

世界著名记者麦凯逊说："不肯留神去听别人说话，是不受人欢迎的第一表现。"每个人都有自己的发表欲望，比如几个人聚在一起讲故事，甲一个接一个地讲了好几个，而乙和丙肯定也会感到嘴痒痒，想来讲述一两个。可是，甲只管不停地讲下去，让乙和丙想讲也没有机会讲。试想一下，乙和丙的心里能舒服吗？他们自己没有说话的机会，专门听某甲说话，自然也会没有精神听下去，那么一场聊天也只能是不欢而散。

"我"在聊天或交谈中很重要，可别人也一样重要，不然怎么能形成"沟

通"呢？如果你能改变自己"一言堂"的说话方式，多给别人机会说话，这样愿意与你接触的人才会更多。

（3）当别人说话时，不要随便插话、抢话

从我们很小的时候，我们就知道，在别人说话时随便打断或抢话，是非常无礼的表现。尽管如此，我们还是经常会遇到这样的人，他们很热衷于交谈，但当别人阐述自己的观点时，他们就喜欢打断别人，插话进来，谈论自己的看法。这样的人往往很让人厌烦，不愿与其交流。

心理学家认为，爱打断他人谈话的人，很可能是因为没有完成从青春期自我向成人期过渡的阶段，没有在社会中找准自我的角色，自我认同不良的心理焦虑，所以他们不断在与他人交谈的过程中打断别人，不断重复青春期的那种自我防御的谈话机制。

另外，他们会过分关注自我内心的感受，而误认为周围的人都不能理解自己，所以也就不太能照顾别人的感受，甚至会曲解别人的意思，认为大家都在对自己指手画脚、品头论足。所以，这种以自我为中心的说话方式也成了他们人际交往中的一种自我防御与保护机制。

如果你碰巧有这个问题，那么提醒你，最好能调整一下你的自我认同机制，使自己达到一种良性的认同。同时，当要打断别人时，你就要马上提醒自己："应该多给别人一些表达机会"。如果你在交往中遇到这类人，可以多让他们表达自己，倾听他们的观点，然后用语言暗示他："现在我可以说了吗？"同时也可以善意地提醒他："希望我说话时，你先不要插话，可以吗？"这种方式会提醒他调整自己的沟通方式，让你与他达成更顺畅的交谈。

诊"聊"室

你不确定自己算不算一个聊天高手？不妨回答下面几个问题。

（1）你是否愿意去了解一个对你来说完全陌生的人？

_____

（2）你通常最容易与哪类人相处？是与各种人都能很快地相处到一起，还是只能与已经很了解的人相处？

_____

（3）你认为与朋友聊天时，最快乐的事是什么？

_____

（4）当你感觉聊天很愉快时，是因为朋友说了一些让你感兴趣的事，还是因为你自己说了很多自己想说的话？

_____

（5）当别人打断你的话，插嘴进来说他的事情时，你会有什么感受？

_____

（6）你在畅谈自己的"光荣事迹"时，忽然发现朋友根本没有认真听你的话，你会怎样做？

_____

Part

2

有了好印象，不怕聊不"嗨"

1. 称呼对了，才好开场

对一个陌生人来说，他自己的姓名就是全世界最重要的，因此你在与对方聊天的开场，一定要记清对方的姓名，知道该怎样称呼他。戴尔·卡耐基曾说："一种既简单又最重要的获取好感的方法，就是牢记别人的姓名。"在任何语言环境下，对任何一个人而言，最动听、最重要的就是他的名字和你对他的称呼。准确、恰当地称呼对方，不但能增强你的个人魅力，还能使你们接下来的沟通变得畅通无阻。

古时候，有个年轻人骑马赶路，天快黑了，还没遇到能住宿的地方，心里很着急。这时，迎面走来一位老农，年轻人便在马上高声喊道："喂，老头儿，离旅店还有多远的路？"老农回答说："五里！"年轻人又策马飞奔，向前驰去。结果跑了十多里，也没见到旅店。他暗想：这老头儿真是可恶，竟然骗我！我非要回去惩治他一下不可，并自言自语道："五里，五里，什么五里！"忽然，他醒悟过来，这"五里"不就是"无礼"的谐音吗？年轻人赶紧掉转马头往回赶，见那位老农还在路边等候，忙下马亲热地叫了一声"老大爷"。话还没说完，老农便说："你已经错过了旅店，如不嫌弃，就到我家住一晚吧。"

在人际交往中，人们对他人对自己的称呼总是很敏感。尤其是第一次见面时，大家往往更在意。能准确、恰当地称呼一个人，是你与对方交流时最简单、最有效的开场白。具体来说，你可以从下面几个方面入手。

（1）弄清尊称与鄙称，你才不会犯错

对他人的称呼有尊称与鄙称之分，如故事中那个问路的年轻人把老农称呼为"老头儿"，显然就是一种鄙称了。听到这种称呼，自然令人心里不快。还有的人逢人就喊"喂"、"哎"，也必定让人喜欢不起来。还有的人，一开口就"那个谁"，也显得缺乏尊重。

尊称就比较容易让人接受了，而且还能让双方感情融洽。通常对长辈、长者，"您老"的称呼比较稳妥；对领导，能加上职位会更令对方听着顺耳，如刘总、王董事长、李经理等；对学者、知识分子，可称呼其职称，如宋老师、赵教授等；对比自己小的晚辈或职位比自己低的下属，可直接称呼小李、小王或老张、老吴等。有时也可直呼名字，但记得尽量把姓氏省略掉，这样才显得亲切，如海军、小萍等。

（2）对男人和女人都比较适宜、得体的称呼

对一个人的称呼似乎是件极其简单的事，但如果你留心一下现代人复杂的称呼名目，就会知道一个得体的称呼常会发生微妙的作用。多了解一下称呼的规则，你至少不会在交流中因错用称呼而引起不快的事。

对男人的称呼通常都比较简单，称呼"先生"即可。对女性的称呼就要兼顾身份了，一般称已婚女子，使用"太太"比较合适，但如果对方的身份比较高，你最好还是称呼她为"夫人"较为妥当。

对未婚的女子，最好的称呼则为小姐。尤其对一个不明底蕴的女子，用"小姐"这个称呼比贸然地称她"太太"要万全得多，无论她16岁还是60岁。宁可让她微笑着告诉你她是太太，也不可让她愤怒地纠正你说她还是个"小姐"！

所以，在拜访前，你最好先弄清楚情况。若有人在旁介绍，就依介绍人所用的称呼方法，不要自作聪明，擅自更改。

（3）称呼对方时，兼顾对方的职位和身份

在称呼中，"先生"这两个字是最普通的，甚至可以通用到去称呼一些高级的官员。要是你觉得没必要称呼对方的职衔，或不知道对方是什么职衔时，"先生"这个称呼就很合适。

以对方的职务来称呼一个官员时，可以不叫出对方的姓氏，如主席、市长、部长、乡长等，都可一概如此。有些人虽然是10年前做过的市长，你现在这样称呼他，他仍然很受用。不过，如果你要拜访这样一些人，最好能提前打听清楚为上策。

对待一些服务人员，如司机、饭店服务员、商场销售员等，如果用一个适当的称呼，往往能得到更周到的服务。比如，称呼出租车司机为"司机大哥"、"司机大姐"，就让人觉得格外亲切，你通常也能获得微笑服务。对服务员、商场销售员等，称呼他们为"老兄"、"朋友"、"姑娘"、"小妹妹"等，通常你也能得到微笑的款待和热情的服务。

总之，一个合适的称呼，是打开沟通之门的钥匙。钥匙用对了，沟通的大门才能顺利打开，你才能拥有好的开场，给对方留下良好的第一印象。

诊"聊"室

如果你不确定自己在社交中是不是每次都能正确地称呼别人，可以试着回答下面几个问题看看吧。

（1）你认为称呼在人际交往中重要吗？

_____

（2）对于比自己年纪大或地位较高的人，你通常会如何称呼

他们？

_____

（3）回想一下，是否有过这样的经历：因为你对对方的称呼不恰当，对方生了你的气，或者冷落了你？

_____

（4）通常别人如何称呼你，会让你感到最愉快？

_____

2. 怎样寒暄才能让人喜欢

"寒暄"一词出自白居易的《桐花》诗："地气反寒暄，天时倒生杀。"那时候指的意思是"冷暖"。衍生到现在，就是人与人见面后相互的问候和应酬，也是与他人开始沟通和聊天最常用的方法。

陌生人初次交往，不可能一下子就聊得火热，大家通常都会心存戒备，这也是交往的一大障碍。寒暄，是冲破这个障碍的有效办法。虽然它只发生在一瞬间，但却魅力无穷，能让彼此快速产生认同心理，满足人们亲和的要求。在与陌生人相见时，如果你掌握了寒暄的技巧，在寒暄过程中有意无意地插入一些对方感兴趣的话题，或谈论一些对方比较了解的事，那么寒暄就不仅仅是形式上的客套了。它能让对方在不知不觉中放松戒备心理，进而与你产生"一体感"，并很快与你就某一话题聊起来。

贝尔那·拉弟埃是"空中汽车"收音机制造公司的推销专家。在他刚进公司时，被委派的第一个任务就是向印度推销汽车。贝尔那·拉弟埃稍做准备后，就飞往新德里。在那里接待他的是印航主席拉尔少将。贝尔那·拉弟埃见到拉尔少将的第一句话就是："正因为您，让我有机会在我生日这一天又回到了我的出生地。"

这是一句非常得体的寒暄，不但感谢主人慷慨赐予来印度的机会，还表明印度是他的出生地。如此一来，两人之间的距离也立刻拉近了。不用说，贝尔那·拉弟埃的印度之行非常成功。

寒暄是人际交往不可缺少的重要一环。在与陌生人第一次见面时，如果你的寒暄恰到好处，那么也一定能给对方留下良好的印象，你的个人魅力也在无形中得到了提升，接下来的交谈也会变得很顺利。所以，必要的寒暄是人际交往中的一个关键因素。

怎样寒暄才能产生你所期望的效果呢？其实，寒暄并没有什么固定的模式，你需要根据具体的交谈对象和交谈环境而定，但通常可大致归纳为下面几点。

（1）在与别人相遇的瞬间，保持真诚积极的态度

热情、友善的态度，能给对方留下良好的第一印象。所以，在开口前一定要保持愉快的情绪，主动向对方问候，充分体现自己的真诚和与对方交流的良好愿望，让对方感觉你的问候是发自内心的，并让对方从你的言行反应中感受到自己的存在，使其受人尊重的心理需要得到完全满足。

同时，积极的姿态也是富有自信、易于交流的外在体现，这有利于你与对方建立融洽的人际关系。

现在最常见的寒暄话题估计就是天气了吧？那么你在与陌生人相见时，也可以从天气聊起。例如，"今天天气不错，比前几天好多了！"或者"这天气，怎么又下雨了！"，等等。

你也可以用真诚赞美对方的方式寒暄。例如，"您今天这件衣服真漂亮，让您看起来真是神采奕奕。"或者"我看您是开车来的，那辆车真漂亮。我有个朋友也想买车，能问您是在哪里买的？"赞美对方时，有个问题要注意，就是说话一定要言之有物，不能假、大、空，张口闭口就是"您真漂亮、您真有气质、您真好"等让人感到莫名其妙的恭维话，一听就不够真诚。

（2）内容恰当

在与陌生人见面的4分钟内，只能有两三个问答往复的过程，所以你最好不要与对方寒暄时间太长的内容，做个一般性的寒暄是最好的，如问候、互通姓名，或谈论一些无关紧要的话题。但要注意，在寒暄过程中，一定要注意内容的恰当性，不要令对方感到尴尬，或触及对方的隐私，也不要漫无边际。

例如，在医院走廊里，你作为患者，在准备出院时遇到护士。大家多日相处，临走免不了要寒暄几句。如果护士最后来一句"有空过来呀"，你肯定不爱听，谁没事愿意去医院呢？原本身体康复，高高兴兴地准备回家了，却又仿佛被念了魔咒。相反，如果护士说："您要出院了，多多保重啊！您这身体素质本来就好，以后加强锻炼，肯定越来越硬朗。"你听了心里肯定高兴，因为这里面包含的是关心和祝福。

所以，在跟别人寒暄时，一定要注意场合，根据不同的场合寒暄不同的内容。千万别让自己信口开河。如果对方心情不好，寒暄的声音不要太大，语言也不要太热情、太夸张，可用询问式的语言或安慰性的语气来打招呼，如"您还好吧？""您气色不太好，要多注意休息哦！"如果对方看起来挺高兴，脸上喜气洋洋的，你在打招呼时可以热情一些，让对方感到温暖和开心，进而使其愿意与你交谈。

但有一点要注意，如果你是位男士，在向女士寒暄时，虽然语言应热情一点，但可不要太过分，否则会令对方感觉你太轻薄，不懂礼貌，这样你们接下来的聊天可能也不会太顺畅。

（3）简洁、真诚、热情

你是不是觉得，寒暄就应该多说一些好听的话，让别人听得心花怒放呢？其实并非如此。寒暄是原本陌生的两个人进入交流状态的一座友谊桥梁，是为了让两个陌生人变得熟悉起来，避免无话可说的尴尬。所以，你的寒暄能达到这个目的即可，无需像作报告那样长篇大论，简洁、真诚的致意与热情的三言两语即可。

例如，你刚刚约见了一位新客户，那么开始肯定要寒暄几句。这时，你可以尽量把话题引到客户感兴趣的方面上来。最常用的就是问客户的家乡是哪里的、那里有哪些风土人情、客户是否经常旅游等，都可以作为寒暄的话语。

当然，这需要你有比较广泛的兴趣爱好及知识面。如果这些方面不足，那么事先你一定要提醒自己充充电。

在寒暄过程中，你还要时刻观察对方的表现，看对方是否真的感兴趣。如果对方很明显不认可你的寒暄或是另有要事，那就要及时停止，不要惹人厌烦。

诊"聊"室

如果你不知道如何与人寒暄，不妨来回答下面几个问题。

（1）你认为寒暄就是讨好巴结人，虚情假意地与人客套吗？

_____

（2）你在与人寒暄时，觉得自己够自信吗？

_____

（3）回想一下，你是否有过寒暄时叫错别人的尴尬经历？当时你是如何处理的？如果换到现在，你会如何处理？

_____

（4）在与人寒暄时，你会根据不同的对象，运用不同的口吻、用语，或聊不同的话题吗？还是认为所有人的寒暄都可以一样？

_____

（5）寒暄越长，说得越好听，就越显得有诚意，这句话你赞同吗？

_____

3. 说话前先展现你的人格魅力

亚里士多德曾经说过，漂亮比一封介绍信更有推荐力，也更容易被人们所接受。事实也的确如此。可以毫不夸张地说，出色的外表是一种竞争力，但如果一个人徒有漂亮的外表，却不能很好地表达自己的思想，展现自己的人格魅力，他一样会一败涂地。

人际交往中的人格魅力，也就是在语言交流中一个人的性格、气质、态度、能力等的个性化表现。客观来说，这种表现形式是多种多样的，或达观开朗，或宽容忍让，或微言大义，或义正词严，或一言九鼎，或仪态万方……总之，让听者或于捧腹间顿觉心胸敞亮，或于咀嚼时方知春秋伯仲，从而赢得听者的信赖与折服，并有继续与你交流下去的欲望。相反，如果你不能展现出自己的人格魅力，可能就没办法给对方留下很好、很深刻的印象，对方也可能很难再有与你继续聊下去的欲望。

享有日本"推销之神"之称的原一平，在进入保险公司的第一年时，拜会了一家寺庙的住持。他回忆当时的情景时说："由于对方毫无拒人之意，我一进寺庙，刚刚坐定，就冲着住持先生，滔滔不绝地说出投保对他的好处。当时的气氛之佳，让我不期然地在心中告诉自己：'这一趟路没白跑，缔约必成。'可没想到，从头到尾都一声不吭地倾听的住持，忽然说出一句话，让我愣了半天。他说：'人呀，还是要在初次会面时有一种强烈的吸引人的东西。做不到这一点的话，你的将来就没什么发展可言'。"

这种"强烈的吸引人的东西"，其实就是我们的人格魅力。它是你的内在素质的外在体现，但它既不能靠模仿，更不能靠装腔作势获得，而是你在长期的生活和学习中所形成的一种良好的性格、气质的自然流露。能在与人交流之前展现出这种魅力，你才能吸引别人靠近你，并愿意与你继续交流。

一个人在说话前能否展示自己的魅力，直接影响到他是否对对方构成吸引力，也关系到他能否拥有良好的人际关系。而每个人说话的内容，说话时选词选句与构思的材料、手段，说话的语气、语调，说话时的身姿、手势、表情等，都可以折射出一个人的人格魅力。具体来说，你如果也想获得一段愉快、高质量的交谈过程，首先就要知道如何向对方展现你的人格魅力。具体来说，你可以通过下面几种方法增添你的人格魅力。

（1）真诚的态度首先就为你的人格魅力加分

真诚，顾名思义就是真实诚恳。人与人交往时，真诚的态度和语言往往也最能为你的人格魅力加分。正如美国小说家韦拉凯瑟所说的那样："真诚是每个艺术家的秘诀，而每位演说家都应当是一位艺术家。这是一个公开的秘诀，十分有效。这如同英雄的本领一样，是不能拿武器来冒充的。"可见，要想与他人聊到一起，你就必须表现出自己真诚的态度来。

在处理人际关系时，世界上有两个普遍被认同的法则，即"黄金法则"和"白金法则"。"黄金法则"的精髓是："你想人家怎么对待你，你也要怎样对待对方。""白金法则"的精髓是："别人希望你怎样对待他们，你就怎样对待他们。"现代人际交往的原则和方法很多都源自这两个法则，真诚的态度也是如此。如果你希望对方能真诚地对待你，而不是一种让你讨厌的傲慢、粗鲁和不屑，那么你首先也要做到真诚才行。这不但能为你赢得对方的好感，还能为你们双方下一步的交流做好铺垫。

人际交往的魅力，并不在于你的话说得多么流畅，多么滔滔不绝，而在于你是否善于表达自己的真诚态度。最能推销产品的人通常不一定是口若悬河的人，而是善于表达真诚的人。当你用恰当的手势、得体的话语表达出自己的真诚时，你就赢得了对方的信任，建立起人际信赖关系，对方也就可能由信赖你这个人而喜欢你说的话。

（2）用你的自信，换取对方的信任

怎样获得他人的信任？首先你自己要相信自己、肯定自己，这样才能把自己的魅力和才华淋漓尽致地展示出来。倘若你不够自信，对自己没信心，总担心自己说错话、做错事，或害怕自己表现得不够完美，那么结果恐怕也正如你所担忧的那样：语言吞吐，表情紧张，给人一副信心不足、没出息的惨相。

如果你不想给人留下这样的印象，就必须让自己拥有自信。在与陌生人第一次交往时，着装整洁，举止端庄，面带微笑，语气亲和，眼神集中，对交流对象表现出尊重、重视的态度是比较妥当。面对这样的一个人，你的交流对象又怎么能掩饰对你的好感呢？

（3）风趣和幽默是最能展现人格魅力的东西

应该说，没有人能拒绝风趣幽默的人，谁都喜欢跟这样的人在一起，包括你自己也一样。风趣和幽默就像春风一样，使愉悦的气氛充满彼此的交际场中，使你的真诚、温情的人格魅力影响到每一个人。一句得体的俏皮话，立刻就能让你与对方之间拉近距离，获得对方的好感。

如果你想在社交圈中成为引人注目的"明星"，成为一个具有无限魅力的人，必不可少的一项素质就是幽默。要做到这一点，你平时可要下点工夫，如有意识地培养自己的幽默感，多做些这方面的积累，记住一些趣事和笑话，这样在与人交往时才能展露出你的幽默，让别人知道你是个喜欢与他人分享快乐的人。

要记住，幽默也是需要技巧的。谁都想做个幽默、风趣的人，但哗众取宠是不行的，那只会适得其反。况且，能让人笑并不是关键，关键是你能够展示出自己的魅力，让对方愿意继续与你聊下去。这就是说，幽默也要有深度、有内涵，反映的东西要积极有趣，不要低俗，更不要伤害别人。

可以说，风趣、幽默体现的是一个人的风度和胸怀。这也是社会进步对人的高素质要求，是现代文明的体现。我们常常对具有绅士风度的人赞赏不已，会想要与他们交往，就是因为他们的身上散发着文明的气息，能给人以和平、安宁、舒适的安全感。

诊"聊"室

你还不了解自己具备哪些人格魅力吗？那不妨来回答以下几个问题。

（1）你认为人格魅力应该包括哪些方面？你认为自己具备哪些人格魅力？

_____

（2）你在人际交往中，能保持自信的态度和言谈吗？

_____

（3）在朋友或同事眼中，你是个平易近人，容易被接近的人吗？

_____

（4）你是个讲究礼节，并愿意与别人相互配合的人吗？还是你是个不拘小节，对礼节问题并不放在心上的人？

_____

（5）你是否遇到过这样的人：即使与我们偶尔相识，甚至只有一面之交，也能引起我们的注意，能够打动我们，让我们感到喜悦，并愿意反过来善待他们？你认为这是什么原因？

4. 气质也是一种语言

如今，气质这个词已经越来越多地应用到现代生活当中，成为衡量一个人人际交往能力的标准之一。而人的气质不只固定在一种类型上，也不是一成不变的。要把握好自我的气质，就要在社交活动中不断地有意识地培养自己的优良气质。

有人说：气质就是一个人的外貌。长得漂亮、俊美，气质就好；否则，就很难谈得上有气质。

这种认识是片面的。气质并不只是外貌的好坏，而更多的是指一个人的气度、修养。孔子曰："文质彬彬，然后君子。"你的气质其实正是你的外在语言与内在思想的适当融合。如果一个人不具备高尚的道德情操，缺乏一定的文化修养，也没有优雅的个性情趣，那么就算长得再漂亮，也难以拥有好的气质。

美国著名影星洛伊于 20 世纪 20 年代到 80 年代一直活跃在银幕上，但晚年时因日渐发胖而渐渐淡出人们的视线，甚至朋友多次邀请她去海滨浴场游泳，她都不好意思去，尽量找理由推辞。

在一次记者招待会上，一位娱乐记者偏偏就拿这个问题做文章："洛伊女士，您是不是因为自己太胖，怕丢丑，才不去海滨游泳的？"

洛伊想了一下，微笑着回答说："我是因为自己胖才不去游泳的，我担心我们的空军驾驶员在天上看见，以为他们又发现了一个新大陆呢！"

在场的人听后，都发出阵阵欢呼声和笑声，不由地鼓起掌来。

洛伊的话就显示出了豁达的心胸和不凡的气度，既没有被记者牵着鼻子走，又很好地活跃了招待会的气氛，给大家留下了一个良好的印象。

一个人的气质体现在平日的言谈举止之中。同时，一个人气质的好坏，也直接影响着别人对他的评价。例如，在人际交往中，有些人口若悬河，侃侃而谈，却难以得到别人的认可，甚至还会引起别人的厌烦情绪。而一些平日里很少说话的人，却能得到大家的喜爱，这就是那种"君子不言，言必有中"的风格表现出的优秀气质所产生的良好效果。

你是不是也想在说话、聊天时展现出自己的气质？那么就要注意下面几个方面。

（1）不要忽视了自己的仪表，不修边幅的人难以得到别人的青睐

不要觉得自己口才好就行了，而对自己的仪表毫不在意。心理学上认为，你给别人留下的第一印象，最能成为别人难以磨灭的记忆。而在你说出第一句话之前，别人首先通过你的仪表来认识你、观察你。如果你不修边幅，乱蓬蓬的头发，脏兮兮的衣服，即便你一开口就能舌绽莲花，恐怕也难以提起别人的兴趣。

所以，在与人交往时，一定要注意仪表的得体。所谓得体，也不是要求你必须穿着名贵的衣服。事实上，华丽的服饰不一定适合所有的人、所有的场合，而且也不见得会得到别人的认同，只要让我们的仪表整洁、大方、朴素、自然即可。

（2）多与气质高雅的人交往，从他们身上得到熏陶

"近朱者赤，近墨者黑。"环境是非常造就人的，所以，平时要有意识地多与一些气质高雅、谈吐不凡的人交往，这对培养你的气质至关重要。

通常来说，不同的环境也能培养出不同的气质。例如，经常与一些学者交往，你的言谈举止可能也会颇具学者风范；相反，如果你的周围都是一些流氓混混，那么很难想象你能有多高雅的谈吐和气度。

因此，想让自己成为一个气质高雅的人，就必须多与气质高雅的人接触，经常与他们聊天，甚至与他们共同工作、生活、学习，你的气质和言谈也会在不知不觉中发生改变。

（3）说话的态度也是气质的一种表现

在日常的聊天中，我们可能会有这样的感觉：同样的话，这个人说，我们就觉得很顺耳，也乐于接受，而换成另外一个人说，我们不但不愿意接受，还会产生一些厌烦情绪。为什么同样的话会让我们出现两种截然不同的感受呢？原因就在于一个人说话的态度不同，而说话的态度往往又是说话者气质的一种最直接的体现。

也许很多人都懂得，对方无论说什么都无关紧要，关键是他说话时的态度。态度和蔼，大家都愿意与他交谈，哪怕他说出反对我们的观点和意见，不赞同我们的行为，我们也仍然不感到反感。如果对方态度傲慢，话语尖酸，即使再好的话题也没人愿意与他聊。

因此在聊天时，端正态度是一种很能打动人的气质。无论与什么人交谈，你都不要在言谈中表现出一副玩世不恭的样子。要知道，我们聊天的目的或为了互相愉悦，或为了推销产品，或为了交换彼此的观点，让对方明白、理解、信服或同情我们。如果你费尽口舌说了一大堆，对方非但不接受，甚至还感到反感，那么你的话也就没有任何意义了。

诊"聊"室

不确定自己的气质是什么样的吗？那就来回答一下下面几个问题。

（1）你对自己的仪表、打扮满意吗？

_____

（2）你与周围人的关系怎么样？你是个受大家欢迎或喜爱的人吗？

_____

（3）在朋友或同事眼中，你最吸引他们的特质是什么？

_____

（4）对那些在精神或物质上都助过你的人，你一般会怎样对待他们？

_____

（5）你认为自己的朋友应该具备哪些特质？比如能让你快乐轻松，或诚实可靠，值得信赖，还是懂得欣赏你、关心你？

_____

（6）通常在结识一个新朋友的时候，你认为他最吸引你的地方是什么？

_____

5. 会聊天的人常是谦虚内敛的

人们都喜欢诉说自己的长处和优点，所以，在与人聊天时，保持谦虚的态度，多聊对方得意的事，通常都能快速获得别人的好感，并愿意与你继续聊下去。

法国哲学家洛士佛科说："与人谈话，如果自己说得比对方好，便会化友为敌；反之，如果让对方说得比自己好，那就可以化敌为友了！"这句话简直就是一针见血。如果对方总在言语中表现自己的长处、优点，并陶醉其中，觉得自己像个伟人，那么，你不妨多谦虚内敛一些，这样自然会获得对方的同情和好感，在对方面前塑造一个好的形象。

当德怀特·莫罗还是一名刚出道的美国外交家时，就被柯立芝总统任命为驻墨西哥大使。这个大使可不好当，因为当时的墨西哥与美国的关系非常敏感。然而在这关键的历史时刻，莫罗运用了一个策略，让绷紧弦的墨西哥人和焦虑的美国人都放下了心中沉重的大石头。与墨西哥总统卡列斯会面的第二天，卡列斯总统甚至对一个朋友说，莫罗才是真正进退有度的大使。

到底这位刚出道的大使对卡列斯总统说了什么，让卡列斯总统对他赞赏有加呢？其实，莫罗根本没提那些应由大使负责谈判的严重问题，只是在聊天时称赞厨师的手艺，多吃了几块饼，并请卡列斯总统谈了一些墨西哥的状况：内阁对国家有哪些希望，总统想做哪些事，对于未来他有什么看法，等等。

卡列斯总统之所以对莫罗赞赏有加，就因为莫罗始终保持一种谦虚内敛的态度，鼓励总统谈论自己，并非常注意倾听。这样在无形中，莫罗就显示出了对卡列斯的尊重，维护了总统的荣誉感并令其感觉受到了尊敬。

从心理学角度来说，每个人都喜欢向别人夸赞自己那些引以为豪的事情。所以，会聊天的人在与人交谈时，也经常会使用一些谦虚的语言来打动他人，并注意倾听，令对方感到心情愉快，从而换来对方的信任和好感。最重要的是，它能让说话者感觉到自身价值的存在，满足了对方被重视的心理，双方的交往也因此变得更加愉快。

（1）不让自己当"话唠"，最好是当一个"倾听者"

聊天对话的最基本方式是由两方组成的，而每一方都担负着两个任务：说和听。你的"说"，是为了对方的"听"；同样，你的"听"，又促成了对方的"说"。很多人喜欢在"说"上下工夫，顾不上听别人说，或总是匆匆忙忙地打断别人，或心不在焉地听着别人说……

显然，这种只说不听的"话唠型"聊天方式是很难受到欢迎的。如果你自己滔滔不绝地说个没完，即使对方不时地附和着说一些"是吗"、"原来如此"的话，可他那举止不定的眼神却在提醒你："别再说了，我根本没听进去。"于是，一场交流只能半途而废。

聪明的做法就是：让自己保持谦虚内敛的态度，把自己当成一个"倾听者"，给对方"说"的机会。当然，在对方说到兴头上时，你还要配合点头、微笑及说些"是吗"、"对"、"没错"等语言，相信对方一定会想："看他那副认真听的样子，似乎对我说的事情很感兴趣，我可以多说些。"

做一个会"听"的人，才更有人愿意与你聊天，和你建立亲密的人际关系。

（2）聊天时的用语尽量谦逊、文雅，不过分张扬

说话聊天时用语谦逊，经常称对方为"您"、"先生"、"小姐"等，或用"贵姓"代替"您姓什么"等，可以很快赢得对方的好感。多用敬语、谦语和雅语等，还能体现一个人的文化素养及尊重他人的良好品德。

人们都愿意接触那些谦虚内敛的人，而很难喜欢那些爱慕虚荣、自夸自大的人。所以，如果你的个性过分张扬，到哪里都喜欢炫耀一下自己的"光辉事迹"，那么你可能会慢慢发现，你身边的朋友越来越少，愿意陪你聊天的人更是寥寥无几。

（3）学会适当自轻成绩，但要掌握好分寸

在跟人聊天的过程中，当有人夸赞你的成绩时，直言谦虚固然可取，但弄不好可能会给人一种虚假、"装"的感觉。尤其在两个不太熟悉的人之间，仅仅用"您比我强多了"之类的话，容易产生嘲讽之嫌。遇到这种情况，你也不必将自己说得一无是处，这样不但起不到谦虚的作用，反而可能会被认为是一种傲慢。此时，你不妨对自己的成绩轻描淡写地说几句话，在淡泊之中自然流露出谦虚之意。

此外，在获得对方的赞美后，你也可以诚恳地征求对方的建议，这也是你表现谦虚的一种方式。但要注意掌握好分寸，因为谦虚不等于诌媚。如果你为了表示自己的谦虚，一个劲儿地对对方说一些言不由衷的溢美之词，以为只有这样才显得自己彬彬有礼，谦恭且有教养，那就错了，过分地赞美已成了诌媚。诌媚不但不能给对方以好感，反而会让人生厌，这是人际交往中的一大忌讳。

诊"聊"室

你是不知道该如何在交往中做到谦虚的人吗？请回答以下问题。

（1）你会经常担心别人对自己有什么坏印象吗？为此，你做过哪些改变或努力？

_____

（2）几个人在一起聊天时，你会经常说一些自己感到得意的事吗？

_____

（3）当你的朋友或同事劝阻或批评你时，你通常会怎么做？

_____

（4）你会经常真诚地夸赞朋友的优点，并表示会向他学习吗？

_____

（5）在进入一个社交或派对场合时，你会很大声地入场以引起他人的注意，还是会安静入场，尽力保持不被注意？

_____

6. 礼貌的态度胜过任何美言

在与人交往时，礼貌的举止和态度是一个人具有良好修养的表现，也是体现一个人内涵的一面镜子。没有礼貌的举止，就没有优雅的风度，这样很容易在交往中给人留下不好的印象。

当然，举止礼仪并不是人们规定出来的，而是大多数人经过实践并被充分认可的。所以，你如果在交往中缺乏礼貌，举止不够得体，就会被人看不惯，对方会认为你对他不够尊重，这时你还可能再受到大家的欢迎吗？

生活中你应该也经常遇见这样的人：他们或仪表堂堂，或美丽漂亮，然而一举手、一投足便可见其粗俗。这样的人，恐怕也不是你喜欢的类型吧？

"己所不欲，勿施于人"。既然你不喜欢这种无礼的人，那么自己千万也别做个无礼的人。要想给对方留下好的印象，外在美固然重要，但大方得体的举止等内在涵养的表现，才更为人们所喜爱。

有一次，一位很有名的剧院经理来拜访大仲马。一见面，他连帽子也没脱下，就冒火地朝这位剧作家喊道："你为什么把最新的剧本卖给一家小剧院的经理，而不是卖给我？"大仲马承认有这么回事。于是，这位经理就出了一个远胜于其对手的高价，想把剧本买回来，但大仲马笑着说："其实您的那位同行用一个很简单的方法，就以很低的价格把我的剧本买走了。"

"什么方法？"

"因为他以与我交往为荣，并且一见面就脱下了自己的帽子。"

我们身边也经常发生这样的事：仅仅因为疏忽了一个小小的礼仪细节，便令自己的形象在对方心目中大打折扣。缺乏得当的举止，纵使你舌绽莲花，纵使你有再强的能力，也难以给人留下好的印象。这样，你又怎么能成为人脉高手呢？

准备给你所交往的对象留下好的印象吗？那就从下面几个方面注意一下你的礼貌问题吧。

（1）大方得体的举止方能显出一个人的风度与修养

与人交往，尤其是与陌生人初次见面时，一定要做到举止有度，即所谓的"站有站相，坐有坐相"。在站立时，保持身体正直，切忌东倒西歪，耸肩驼背。两腿间距离不宜过大，以不超过一脚为宜。站立时间较长时，你可以用一条腿支撑，另一条腿稍稍弯曲。

如果站立着与对方交谈，双臂还可随谈话内容做一些手势，但不宜将手插入裤兜或交叉在胸前，更不要摆弄一些小物品，这样会显得不够庄重，也显得缺乏自信。

坐姿和走姿也很重要。坐着时，端正是最重要的，不能东倒西歪，更不能两条腿抖动个不停或翘起"二郎腿"；走路时，身体应保持正直，步履轻盈，两臂在身体两侧自然摆动，不要过分摇摆，也不要左顾右盼，显得心不在焉。

与人见面时，一般人会用点头和握手来表示礼节。点头时，双眼看着对方，面带微笑，等对方有所表示后再转向别的方向。点头的同时，还可配合握手的动作。

这些大方得体的举止能让你看起来更有风度、更有涵养，给对方留下美好的印象。当然，礼貌举止远不止这些，我们只介绍几种常见的方法。在社交场合，你应该有意识地、恰当地运用这些礼貌举止，既不可过于谦卑，也不要过于傲慢，做到得当、周到，便可充分体现出你的教养，从而成为大家欢迎的人。

（2）用礼貌用语拉近自己与对方之间的距离

与人交流时，若能运用礼貌语言，便可让人感到"良言一句三分暖"，让彼此间的感情很快便融洽起来。这类语言包括：您好、谢谢、请、对不起、别客气、再见、请多关照，等等。

与一个陌生人第一次相见时，互道"您好"是再容易不过的了。可别小瞧这声问候，它传递着丰厚的信息，表示尊重、亲切和友善，显示出你礼貌的态度。

美国人说话喜欢说"请"。据说美国人在打电报时，宁可多付电报费，也绝不省掉"请"字。

英国人说话往往少不了"对不起"，即使警察对违章司机就地处埋时，也要先说声"对不起"。两辆车相撞，不管是谁的错，彼此都先说"对不起"。在这种礼貌的态度下，双方的自尊心同时都能得到满足，争吵自然也很少发生。

（3）彼此交谈时，多说"我们"，少说"我"

小孩子在做游戏时，经常会说"这是我的"、"我要那个"，这是一种自我意识强烈的表现。在孩子的世界里，这可能是无关紧要的，但不少成年人也会犯这个毛病。在说话时，他们仍然不断地强调"我"、"我的"、"我认为"……这会给人一种自我意识太强的坏印象，人际关系也会因此受到影响。

《福布斯》杂志上曾登过一篇名为"良好人际关系的一剂药方"的文章，其中有几点值得我们借鉴：语言中最重要的5个字是："我以您为荣！"语言中最重要的4个字是："您怎么看？"语言中最重要的3个字是："麻烦您！"

语言中最重要的 2 个字是："谢谢！" 语言中最重要的 1 个字是："您！"

那么，语言中最不重要的一个字是什么呢？是"我"。亨利·福特二世在描述那些令人厌烦的行为时说："一个满嘴'我'的人，一个独占'我'字，随时随地说'我'的人，是一个不受欢迎的人。"

相信你也不会喜欢一个缺乏礼貌、满嘴说"我"的人。既然如此，我们就要在与他人交往时多注重一些礼貌用语的使用。有时候，一个礼貌得体的态度往往比你说上一百句漂亮的话语更让人受用。

诊"聊"室

如果你不确定自己在社交中是不是很懂礼貌，请试着回答下面的几个问题。

（1）你在与别人握手时，认为轻轻握一下就可以了，还是会紧紧握住对方的手？

_____

（2）你经常能根据别人的说话方式来调整自己的态度吗？

_____

（3）在人际交往中，你觉得是否有必要了解和掌握一些约定俗成的表示谦恭的礼仪用语，如"幸会"、"请教"、"高见"等？你能掌握多少？

_____

（4）一个你不太喜欢的同事邀请你参加他的宴会，你打算怎么做？

_____

（5）如果你的朋友对你搞恶作剧，你通常会怎么应对？

_____

Part 3

还有什么比兴趣更重要

1. 用语调和语速调动他人的兴趣

就一个人的表达效果来说，语调、语速和说话的内容一样重要。有人说起来语速过快，或者语调像电钻、像小号，不容别人插话；有的人刚好相反，语速过慢，说话吞吞吐吐、拖泥带水，能把听者的耐心耗尽；还有的人说话装模作样，语调阴阳怪气，让人听着就浑身不自在。像这样的情况，你是不是也有过，或在与别人聊天时经常遇到？

其实很多时候，我们说话的内容都是很好的，就因为语调、语速等运用得不当，结果令表达效果与我们自己期望的相差甚远，自然也难以提起对方再继续与你聊下去的兴趣，甚至会让对方对你产生厌烦感。

明朝成化年间，兵部左侍郎李震在家守孝三年期满，按朝廷惯例，他再次返回朝廷将被升迁为兵部尚书。但最终朝廷却让李震的亲家、刑部尚书项忠接任了兵部尚书的职位，原因是李震说话声音沙哑，影响了皇帝对他的印象。在皇帝看来，忠臣往往能朗朗而谈，而奸臣的声音都是低沉而幽咽的。李震的声音历来低哑，因此一直为宪宗皇帝所厌恶，此次升迁自然也就没他的份儿了。

这虽然是个极端的例子，但也说明了语调、语速等对人们的重大影响。"嗓音是身体的音乐，语调是灵魂的音乐。"美国科学家研究证明，一段讲话能否被公众接受，内容的重要性只占30%，讲话者的身体姿态占20%，衣着占10%，而讲话的语调和语速却占到了40%！我们可能很难改变自己说话的声音，但却能修正自己说话时的语速和语调，从而让自己的语调和语速更能调动起对方的聊天热情，互相畅谈起来。

那么，什么样的语调和语速才是最合适的呢？我们又该怎样修正它们呢？

（1）培养受人欢迎的语调，让自己拥有一副优美的嗓音

我们常常听人说："瞧，那姑娘说话就跟唱歌一样。"这银铃般的悦耳声调，就是一个人的说话语调。

可千万别觉得说话的语调不重要，要知道，语言是靠声调来传播的。如果你是一位美丽的女性，发出的语调却含混不清、尖利、散乱、沉闷或鼻音过重等，将直接影响你在别人眼中的形象。

语调是可以修炼的，能够得到校正。比如，你的嗓音尖利难听，说话时就要尽量放低声调，让人听起来柔和悦耳；如果你的声调过于僵直，说话时就尽量委婉柔和；如果你的声调平淡无味，让人听了昏昏欲睡，说话时就应尽可能地采用抑扬顿挫的声调。

重视自己的声调问题，并认真纠正自己的毛病，你就会发现自己的聊天技术有一个很大的改进，优美悦耳的语调，会增加你的魅力。但要注意，千万别走极端，非要拿声拿调地说话，矫揉造作，这样不但不会让人觉得美，反而会让人更反感。

（2）说话发音要准确，还要控制好你说话的音量

你与别人聊天时，所说的每句话、每个词都是由一个个最基本的语音单位组成，然后再加上适当的重音和语调。准确的发音，能让你很清楚地表达自己的观点，这也是提高你的人际交往能力的一个重要方面。相反，不清晰的发音会影响你的交往能力，让人觉得跟你说话很吃力，难以提起与你交往的兴趣。

音量也很重要，有些人说话时总想引起别人的注意，结果发出的声音又

尖又高，让人听起来异常不舒服。其实，语言的魅力不在于声音的大小，相反，声音过大反而让人觉得你缺乏修养。所以，当你自己在家时，不妨试着发出一些音量大小不同的声音，仔细地听，然后找到一种你自己听起来最合适、最能接受的声音。如果连你自己都不能接受那些又尖又高的声音，别人为什么会乐意接受呢？

（3）让你的语速恰到好处，努力说出属于你自己的风格

在聊天中，语速的快慢将不同程度地影响你向别人传递的信息。语速太快，就像语调过高一样，让人觉得又紧张又焦虑。而且，语速过快还会令某些词语含混不清，别人无法清晰地听懂你所说的内容。既然无法听懂，对方又怎么能继续与你深聊呢？

当然，你的语速也不能太慢，听起来让人着急，难免产生沉闷之感。语速最好是不快不慢，并在聊天时不断根据具体情形调整。即使中间偶尔有停顿也不要紧，不过不要在停顿时加上"嗯"、"啊"等口头语，或者不停地清嗓子，这都会令对方难以将你前后所说的话很好地衔接起来，也不能很好地理解你要表达的意思。

（4）注意调整句调，自然恰当地传达出你要表达的思想感情

在说话过程中，同样一句话，你用不同的句调说不来，所产生的情感效果往往也是不一样的。

句调分为平、升、降、曲四种。平调变化不大，很沉稳，通常是人们表达庄严肃穆、冷漠平静等情绪时所用的句调。

升调是前低后高的，句子的后半句声调提高，表现出来的情感也比较强烈。当人们提出问题、情绪激动或传达命令时，经常会使用升调。

降调的声音是前高后低的，也是在语言交流中运用最广泛的一种语调变

化，多用于情绪平稳的陈述句、感情强烈的感叹句、表达愿望的祈使句等。

还有一种是曲调，也就是句调不断地在高低之间转换的语调。人们通常会用这种句调表达自己内心复杂的情绪。此外，曲调还能将双关、言外之意、讽刺、夸张等语言形式表现得淋漓尽致，增加语言的表达色彩。

诊"聊"室

如果你不确定自己在聊天时的语调和语速是否合适，可以试着回答以下问题。

（1）你认为自己在说话时，能否做到口齿清晰、声音悦耳？

_____

（2）你的同事或朋友认为你在讲话时的有声语言是什么样的？他们有没有给过你更好的建议？

_____

（3）你自己一个人在家时，会大声朗读或朗诵吗？

_____

（4）你认为哪个电视台或电台主持人说话的声音让你听起来最舒服？你有模仿过主持人的讲话吗？

_____

（5）你在说话时，大家有没有觉得你说话过快或者过慢，总之，就是不在正常节奏上？

_____

2. 察言观色，了解别人爱听什么

察言观色，是人际交往中应对自如的基本技术。

言辞通常是最能透露一个人性格的东西，可以告诉你站在你对面的这个人的地位、性格、品质及流露出来的内心情绪等，因此，善听弦外之音也就是你"察言"的关键所在。

另外，表情、眼神、衣着、坐姿、手势等，也会在不知不觉中出卖它们的主人。"观色"，也就是要学会看对方的这些表现，如同"看云识天气"一般，弄清对方的喜好，然后再"投其所好"地与对方交谈，往往更容易获得对方的好感。

> 有一名退伍军人，在一辆汽车上与一个陌生人相遇，两人的座位正好都在驾驶员的后面。汽车上路后，不久就抛锚了，驾驶员车上车下地忙活了半天也没修好。于是，这位陌生人就建议驾驶员把油路再查一遍，驾驶员一查，果然找到了原因。退伍军人看了，感觉那位陌生人的"绝活"可能是从部队里学的，所以就试探着问："您在部队待过吧？""嗯，待了六七年。""噢，算来咱俩还是战友呢。您当兵时的部队在哪里？"……于是，一对陌生人就此攀谈起来，后来还成了朋友。

退伍军人就是在仔细观察对方后，找到了与自己都当过兵这个共同点，与对方交流起来。

在社交场合中，我们也常常要与陌生人打交道。那么，我们怎样才能让自己第一次与他人交谈时就投其所好，给对方留下好的印象呢？学会察言观色是必不可少的一项本领。《孙子兵法》中说："知己知彼，百战不殆。"这一著名的论断不仅适用于军事作战方面，更可应用到日常的人际关系之中。在与陌生人交往时，学会读懂他们，摸透他们的心思，然后见机行事，做到"察人色，观局势，行明事"，如此才能让交流达到最佳效果。

（1）措辞习惯和说话方式往往能泄露一定的"秘密"

心理学家研究发现，人们的心理活动会不知不觉地反映在措辞习惯上，即使同他们内心中想要表现的自我形象无关，通过分析他们的措辞也能大体弄清这个人的真实特点。例如，经常使用第一人称单数"我"的人，往往具有较强的独立性和自主性；常用"我们"的人则多见于缺乏个性、随声附和的人。

说话方式也能反映一个人的各种真实想法。一般来说，对某人心怀不满或持有敌意时，许多人说话的速度就会变得迟缓；若心有愧疚或说谎时，语速就会快起来；如果是个心怀企图的人，他说话时往往会有意地抑扬顿挫，制造出一种与众不同的感觉，有种想吸引别人注意力的欲望。

所以，如果你想套知一个人某些方面的信息，就可以与他从一个平常的话题切入，然后察言观色、认真倾听、提问……一步步弄清他的真实性情。往往对方在高兴之余，也会忘记提防，相反还会认为你是个很好的倾听者，愿意在你面前展露个性。

（2）谈话中的声音变化也是内心活动的外在体现

一个人的心理活动通常会直接影响到声音中感情色彩的深浅浓淡，可以说，说话的音调能直接体现出一个人的喜怒哀乐等情绪变化，因而通过声音也能洞察他人的内心活动。声音变化不仅能体现一个人的性格特征，甚至连是俗是雅、是刚是柔、是智是愚都能在一定程度上体现出来。

一个内心自信的人，说话往往为肯定语气；相反，自信心不足或性格软弱的人，说话通常都是不确定的语气；爱撒谎的人，说话会支支吾吾，这是心虚的表现；内心平静的人，说话会音律平稳，显得心平气和；内心清顺畅达的人，说话声音清亮顺畅……。人说话的声音是随着内心世界的变化而变化的，所以说："心气之征，则声变是也。"

了解了对方的内心活动及个性特征，你就可以区别对待了。如果你准备与一位内心愉悦、个性外向的人交谈，你可以调整话题或语气，轻松地与对方侃侃而谈；而面对一个内向的人时，你就要换另一种态度，如语言要委婉，不要随便开玩笑等。

（3）了解对方的兴趣爱好，寻找共同话题

共同的话题在人际交往中往往最能引起彼此的共鸣，让彼此陌生的两个人立刻变得熟悉起来。

有人说，素昧平生，初次见面，哪里来的共同话题呢？这就需要你善于察言观色，留意、试探对方，通过对方的言谈举止等，洞悉对方的兴趣爱好，然后投其所好，与对方聊一些他感兴趣的话题。这样在不知不觉中，对方就会放弃戒备心理，与你产生亲切感。

此外，你也可以通过观察了解到对方近期内最关心的问题，掌握其心理，然后与对方聊一聊这方面的事儿。这会让对方很快对你产生好感，并留下深刻的印象。例如，如果对方的子女明年要高考了，而你又有自学、高考的经验，此时便可现身说法，谈谈高考复习时需要注意的地方，还可提供一些较好的参考书。但要注意，切忌大谈自己金榜题名的"光荣历史"，即使你上的是名牌大学，也不可过分张扬，让对方感到厌烦。

总之，与陌生人打交道时，运用"眼观六路，耳听八方"的方法一点都

不夸张。只有从侧面多了解对方的性格特征、兴趣爱好等，才能打开对方的话匣子，让交谈自然而然顺利地进行下去。

诊"聊"室

如果你在交往时不知该如何快速了解别人，可以试着回答一下这几个问题。

（1）你能记住邻居的姓名、外貌或其他特征吗？还是什么都没记住？

_____

（2）在与一个陌生人初次见面时，你会如何打量他？是只看他的脸，还是会悄悄地从头到脚打量他一番？

_____

（3）你的同事今天闷闷不乐，似乎在生气，而你有事要询问他，你会怎么说？

_____

（4）在你说话时，你发现听者有些心不在焉，你还会继续说下去吗？

_____

3. 选好主话题，交谈才更有趣

无论是参加晚会还是赴宴，也无论是第一天到新单位上班与同事相见还是迁入新居后与邻居初识，在各种数不清的社交场所，可以用来打开交谈之门的话题称得上数不胜数。

但是，无论我们与哪些人聊天，首先都必须让对方产生与你聊下去的兴趣。在这种情况下，你所选择的主话题就非常重要。通常来说，如果你想让别人感兴趣的话，那么你选的主题就要正好是对方感兴趣的事，或者与对方本人有关。

哈利·贝罗斯是一处苗圃批发行的销售经理。多年来，他们一直试图拉到一个名叫彼得·梅诺斯基的大零售商。但好几个推销员找到他，都没有结果，最后总裁只好让贝罗斯亲自跑一趟。

贝罗斯见到梅诺斯基后，并没有马上跟他谈有关业务的事，而是说："我很早就想见到您了，梅诺斯基先生。我一直对姓名的起源很感兴趣，目前我知道您的名字源于斯洛伐克语，但不知道它的具体意思是什么。您愿意给我讲讲吗？"

梅诺斯基见贝罗斯没跟自己谈业务，反而聊起了自己非常喜欢的名字，就兴致勃勃地跟贝罗斯讲到了他的祖国、他的爱好和兴趣以及他名字的由来，等等。最后，贝罗斯也如愿以偿地拿到了梅诺斯基的订单。

要顺畅地与一个人聊起来，就要善于寻找话题。让你写一篇文章，一个好题目往往会让你文思泉涌，一挥而就。聊天也是一样，一个好话题，往往也能激发对方的兴趣，从而让交流变得更加顺畅。

如何才能选好交谈的主话题呢？你不妨从以下几个方面多加努力。

（1）就地取材的话题也可以成为彼此的聊资

何为就地取材？就是根据当时的环境而寻找话题。如果你与对方相遇的地点是在朋友家里，那么对方与主人的关系就可以作为一个话题："您和某先生大概是老同学吧？"或"您和某先生是同事吗？"如此一来，不论你问得对不对，都能引起对方的话题。

此外，赞美一些东西常常也是就地取材的话题。例如，"这房间布置得真不错，是您亲自布置的吗？"这样引起话题，对方获得赞美后，更愿意与你分享一下他的心得了。若是一般的社交活动，则可以说"公园的樱花开得真好看，您去看过了吗？"或"大热天在园子里喝茶，那才舒服呢！"

以上这些，都可以根据具体环境而作为就地取材的畅聊话题。

（2）培养敏锐的观察力，别聊让人反感的话题

许多家庭主妇彼此碰面后，通常聊的话题可能是物价如何、孩子如何以及家庭琐事等，而商人们则会谈论经济问题或交际应酬中的趣事。可见，不同的人喜好谈论不同的话题。如果你对着每天为三餐奔波的人大谈出国旅行、名车名包，对方很可能会给你白眼，毕竟他们连基本温饱都没解决呢，哪有心情跟你谈论旅游呢？但如果你与对方谈谈致富之道，对方一定感兴趣，甚至会成为你的忠实听众。

所以，我们在跟人聊天前，最好能保持敏锐的观察力，大概了解一下对方对哪些话题感兴趣。这就需要我们平时多搜集丰富的聊天素材，这样在与不同阶层的人接触时，才有资可谈，很快成为对方的"知己"。

（3）用适当"恭维"的方法来激发对方的谈话兴趣

你或许看到过一种特别的龙虾，那种龙虾有一双巨大的前脚。当它在一

个或几个雌虾面前，就会举起自己的那双大脚，以使雌虾们能觉得它很光耀。可能你还熟悉孔雀在开屏时的那种姿态吧。

人也喜欢这种夸耀，这并不是骄傲自满，就正如龙虾和孔雀显耀它们那特殊的美一样，天性中也喜欢在一个机会到来时能展示一下自己的优点、特长。所以，利用人类的这一天性，你就可以谈一个能激发起对方自信心的话题，相信对方很愿意与你谈论下去。

激发对方谈话兴趣最有效的方法就是适当的"恭维"。但要让"恭维"发挥得恰到好处，我们就要将它用得格外精致才行，最好暗示，不要说得太直白。

例如，你在"恭维"一位学历较高的女性时，可以说："一般大学里很难找到漂亮的女孩，可能是由于漂亮的女孩在中学比较容易被男同学打扰学习的缘故。能谈谈你的诀窍吗？"这就是在暗示她又漂亮又有才华，相信她会很高兴与你继续交谈下去的。

（4）远离话题"杀手"，别让畅谈戛然而止

如果应付得当，大多数人都能跟你聊得比你想象得久，而且还会欣赏你的风度、礼貌。但要注意，聊天中仍有一些屡试不爽的话题"杀手"，你一说出来，就可能令本来愉快的交谈戛然而止。例如，津津乐道于发生在别人身上不幸的事儿，那你肯定是自讨苦吃，对方不但不愿意与你交谈，还可能从内心里对你感到反感。下次你想继续跟他交往，对方可能就想离你远远的。

当然，在一场谈话中，如果出现了一个足可冒犯在场的某位宾客的话题，那么想让交谈继续顺利地进行下去的话，唯一的办法就是尽快转换话题，不要继续讨论，免得引起对方不快。

诊"聊"室

你是个在聊天过程中能选好主话题的人吗？来回答下面的问题，更深入地了解一下你自己吧。

（1）在跟大家聊天时，你能很快就找到一个让大家都有兴趣的谈话题材吗？

_____

（2）你能否将自己所谈的意思，用各种不同的方式去表达，以满足不同场合、不同对象的需要？在遇到别人的反驳时，你是否一再重复说过的老话？

_____

（3）当大家不知道该聊什么时，你怎样调动别人继续与你谈话的兴趣？

_____

（4）在试着改变话题的时候，你能不能做到自然、巧妙，不着痕迹且不显得刻意？

_____

（5）你是否能使谈话顺利进行而不致中断，又不会被人认为很"固执"？

_____

4. 让人感兴趣的不是事，而是你的真情实意

要想诱导初次见面的朋友说话，首先必须让对方有愉快的心情，并能够感受到你的真情实感。至于聊哪些事，都不是最重要的。关于这一点，最好的榜样就是电视台或电台优秀的节目主持人。通常我们都认为他们是谈话、聊天的高手，一上来就能滔滔不绝、妙语连珠，并能引导观众跟随他们的步伐，做出相应的反应。

事实上，这些人比我们普通人强的也不过是懂得如何运用心理战术，表达出自己的真诚，让谈话对象心情愉快而已。

情感，是人们活动的一种动力，一切活动的完成都需要有情感的投入。人的行为，在许多情况下是受情感驱动的，或者说是由外界的思想或建议激发你的情感造成的。而人们行为的特点也启示我们：只要能吸引聊天对象，打动聊天对象，让他对你产生好感、产生兴趣，就能让他按照你的思想去思考，心悦诚服地接受你的建议，改变自己原来的态度。也就是说，要获得成功的人际关系，首先必须赢得对方的好感，以此成功地改变对方的态度。

美国前总统罗斯福是个很善于与人沟通的能手。在早年还没被选为总统时，有一次参加宴会，他见席间坐着许多不认识的人，便想如何才能让这些不熟悉的人成为自己的朋友呢？他稍加思索，便想到了一个好办法。他找到自己熟悉的记者，从那里把自己想认识的人的姓名、爱好等情况都打听清楚，然后主动走上去叫出他们的

名字，谈一些他们感兴趣的事。此举让罗斯福大获成功，以后，他也是依靠这个办法为自己竞选总统赢得了众多有力的支持者。

懂得如何无拘无束地与他人沟通和畅聊，是我们必备的一个社会生存技能。这可以帮助我们扩大自己的朋友圈，让生活变得更加丰富多彩。

怎样才能像罗斯福总统那样，让交流的对方能感知到你的真诚，并愿意继续与你畅谈下去呢？下面的策略或许能在一定程度上帮到你。

（1）讲话不要只追求措辞的华丽，更要追求情感的真挚

西方有位哲人说过："有一种能力可以使人很快完成伟业，并获得世人的认可，那就是讲话令人喜悦的能力。"可见，引起对方与你继续畅聊兴趣的，有时并不一定是具体的事，而是你的情感反应。

白居易也曾经说过："感人心者，莫先乎情。"炽热真诚的情感能使"快者掀髯，愤者扼腕，悲者掩泣，羡者色飞"。如果你想打动别人，就必须先让自己有感情。

与人聊天时，若能捧出一颗恳切至诚的心，怎能不让对方感动，怎能不扣动对方的心弦呢？

（2）有时候寥寥数语，往往就能获得一段愉快的畅谈

说话、聊天是个传递信息的过程，因此，提高自己的说话魅力，并不完全在于你说的话是否准确，或者你所说的某件事是不是正确的，更多的在于你所表达的思想、信息能否被听众所接受并产生共鸣。也就是说，要想与别人聊到一起，关键在于你说的话感染对方，拨动对方的心弦。

我们应该也遇到过这样的人：说话时长篇大论甚至慷慨激昂，可你听着就是打不起精神，甚至暗暗希望他快点结束谈话；而有的人虽然寥寥数语，却掷地有声，像有某种魔力一样吸引着你。为什么会这样呢？因为后者了解

人的自尊心，能设身处地地站在对方的立场上，以对方的眼光来观察问题。所以，他们的谈话也充满真情实感，很能打动你的心。

拳王阿里年轻时因不善言辞而影响了他的知名度。有一次，他在参赛时膝盖受伤，观众大失所望，但他立刻要求停赛，并说："膝盖的伤虽然还不至于影响比赛，但为了不影响大家看比赛的兴致，我请求停赛。"结果，由于对这件事的诚恳态度，大家对阿里有了极佳的印象。他为顾全大局而请求停赛是替观众着想，由此也深深地感动了大家。

（3）说错话也要敢于道歉

"对不起"这三个字虽然看起来很简单，但交际效果却非其他语言所能比拟。它能让强者低头，能让怨者消气，能化干戈为玉帛，解决许多冲突和矛盾。

"很抱歉，我来迟了。""对不起，我先离开一下。"……日常交往中，这三个字的用途真是太多了。说到底，它的意思无非是让别人占上风，满足别人渴望被尊重、被重视的心理。同时，它还是谦虚和客气的标志，让人与人之间变得更加宽容。这也说明，避免伤害对方的感情，最聪明的做法就是自己谦逊一点。所以，与人交谈时，一旦言语出现过失，不要吝啬这三个字，而要立刻道歉，这样别人也能感受到我们的真诚，并愿意谅解我们，让接下来的交流更加融洽、顺畅。

诊"聊"室

你是个在交谈中能以真情实意待人的人吗？回答下面的几个问题，了解一下你自己。

（1）你认为自己在与人交谈、聊天时是不是非常诚恳？为了避免引起别人的不悦，你会不会偶尔也说点善意的谎言？

_____

（2）你经常表现得很热情，但你的朋友有没有说过你这样显得有些喋喋不休或虚情假意？

_____

（3）你是否觉得那些太过于表达自己感受的人是肤浅的和不诚恳的？

_____

（4）在与一群人交谈时，你是否时常发觉自己在胡思乱想一些与交谈话题无关的事情？

_____

（5）你是个说错话后敢于马上道歉的人吗？还是一定会将自己的观点坚持到底，即使这个观点是错误的？

_____

5. 用激情感染对方的情绪

当我们在与别人沟通交流时，大部分靠的是情绪，只有一小部分靠的才是内容。如果沟通时情绪不对，那么内容就很容易被扭曲。所以在沟通内容之前，彼此的情绪一定要好。如果对方情绪低落，即使你舌绽莲花，恐怕也难以提起对方与你畅聊的兴趣。

相反，如果在交谈前你就给对方留下了很好的印象，而你又很善于营造聊天气氛，开始寒暄时又表现得很有热情和活力，还能找到恰当的话题，那么很容易就能点燃对方的激情，后面的畅聊便不是问题了。

法国著名的将军狄龙在他的回忆录中讲述了这样一件事。

第一次世界大战期间的一次恶战，他带领第80步兵团进攻一个城堡，但遭到敌人的顽强抵抗，步兵团被对方压住无法前行。狄龙情急之下，大声地对他的部下说："谁设法炸毁城堡，谁就能得到1000法郎。"狄龙认为，士兵听到奖赏后，一定会前仆后继，但结果却没有一个士兵敢冲向城堡。狄龙大怒，责骂部下胆小懦弱，有辱军威。

这时，一位军长大声对狄龙说："长官，要是你不提悬赏，全体士兵都会发起冲锋"。狄龙听罢，转而又发出另一个命令："全体士兵，为了法兰西，前进！"

结果，整个步兵团都从掩体里冲出来。最后，全团1194名士兵只有90人生还。

对于军人来说，用金钱驱使他们作战无疑是奇耻大辱，因为在他们看来，尊严比生命更重要。只有懂得用爱国激情感染对方，激发起对方的情绪，才能让对方更乐于接受你的观点或命令。

生活中的每个人都渴望友谊，希望拥有更多的朋友，但朋友都是由陌生人发展而来的，有相当一部分朋友甚至是萍水相逢认识的。在风光绮丽的景区，在熙攘喧闹的街头或小型聚会上，一个会心的微笑、几句得体的寒暄、一个彼此感兴趣的话题，都可以成为与他人相识的基础。关键就在于，我们要找到交往的契机，主动伸出友谊之手，激发起对方的交谈欲望，这样对方才能打开心门，接受我们成为他们的朋友。

那么，要如何才能激发对方的聊天欲望呢？

（1）抓住第一个五分钟，打开畅聊局面

与人初次相遇，需要多久才能知道彼此能否成为朋友呢？美国伦纳德·朱尼博士认为："交际的点，就在于他们彼此接触的第一个五分钟。"

朱尼博士指出："人们接触的第一个五分钟主要是对话。在对话中，你要对所接触的对象谈的任何事都感兴趣，不管他从事什么职业，讲什么语言，以什么样的方式，对他的话都要耐心倾听。如果你这样做了，你就会觉得整个世界充满无比的乐趣，你也将交到无数的朋友。"

彼此了解的人在一起聊天会觉得很放松，而对新认识的人一无所知，尤其是进入陌生的环境，你出现不自在或恐惧的心理都很正常。但要想将对方变成朋友，就必须首先在心里建立一种乐于与对方结交的愿望，然后才能有所行动。

例如，在与陌生人见面的第一个五分钟里，彼此间可能要寒暄一下。在这个过程中，你就可以适当多留心他所说的话以及他的眼神、声调等，揣摩一下他的个性、兴趣、爱好等，然后再投其所好，聊聊他可能会感兴趣的事

情，话题也就自然而然地打开了。

（2）学会巧妙提问，并乐于做个倾听者

在交谈中，获取信息最基本的手段就是提问。我们选择的提问语言、引入问题的方法等，决定了得到的答案的质量。合理巧妙的提问，可以引导对方的谈话，从而使我们对对方的爱好、需要、动机以及正在担心的事情等，产生相当深入的了解。有了这些答案，再敲开对方的心灵之门也就变得容易多了。

当然，要想引导对方说话、回答，我们就要乐于做个倾听者。即使你的知识面很丰富，聊天能力很超群，也暂时收敛一下，做个乖乖的倾听者会让你受益更多。这会让对方觉得你是个善解人意、乐于关心他人的人，你的这种慷慨的给予也会更加激发他们的谈话欲望。

不过有一点要注意，凡是对方不知道或不愿让别人知道的事，尽量避免去问。我们提问的目的是要引起双方交谈的兴趣，而不是让对方感到尴尬。让对方滔滔不绝、十分尽兴地说个够，我们也能增长某方面的知识，或得到自己想要的信息，这才是你提问的目的。

（3）"是啊"，像魔法一样神奇的万能交际语

在跟别人聊天时，无论发生什么状况，也无论对方说些什么，都有一个万能的魔法交际语，就是"是啊"。如果你不知道该说什么时，说"是啊"一样等于在鼓励对方继续谈下去。

"是啊"，这句再简单不过的话，所表达的含义其实就相当于听者接受了对方的谈话内容，并对其发言持肯定态度。这句话中含有两种微妙的语感，一是"你说得非常合理"，二是"我很赞同你的观点"。

在心理学上，这种肯定的表达被称为"社会性的合理化"。即使对方说的某些观点不一定是你完全认同的，你也应首先给予"是啊"、"我理解"、"我明白"等这种肯定的答复。就像一流的心理咨询师一样，他们永远不会

否定客户的话，因为予以肯定就意味着互相之间已经建立了信任关系。在这之后，再进行正确的引导就会容易得多。

聊天也是一样，你能肯定对方的观点，对方才会愈发感到跟你聊天的美妙和舒服，也才有继续跟你聊下去的情绪。如此简单而又有效的一个方法，不用实在可惜！

诊"聊"室

不确定自己是不是一个充满激情的人吗？来回答一下下面的几个问题吧。

（1）在大家眼里，你是个充满活力和激情的人吗？大家会不会觉得跟你聊天、交谈是件很快乐的事？

_____

（2）你能把自己所要谈的问题，用各样不同的表达方式表达出来，以适应每个不同的谈话对象吗？

_____

（3）你认为交朋友是件困难的事吗？你通常都是如何交到朋友的？

_____

（4）在与别人交往的过程中，你的表现是什么样的？是走到哪里，就把笑声带到哪里，还是大家跟你在一起就感到沉闷无趣？

_____

（5）你与朋友的交往通常能保持多久？

_____

6. 赞美可以调动每一个人的兴趣

我们身边的每个人，当然也包括我们自己，都希望获得别人的赞美，希望自己的价值得到肯定。在得到赞美后，我们的自尊心和荣誉感都会得到满足，我们工作、做事的兴趣也会更加积极。

赞美之于人心，犹如阳光之于万物。有位企业家说过："人都是活在掌声中的，当下属被上司肯定，他才会更加卖力地工作。"爱听赞美的话是人的天性，人人都喜欢正面刺激，不喜欢负面刺激。因此，赞美也是人际关系的润滑剂，是一种非常有效的激励手段。它不但能让人感到振奋，而且使人感觉被肯定。如果你在与别人聊天时，也能不失时机而又恰到好处地赞美对方几句，一定能让对方对你的好感大大增加，你的人际关系也会更加和谐。

在美国商界中，年薪最早超过100万美元的管理者名叫查尔斯·斯科尔特。1921年，他被安德鲁·卡耐基任命为新组建的美国钢铁公司第一任总裁，当时他只有38岁。为什么斯科尔特能获得如此高的年薪呢？他是天才吗？当然不是。斯科尔特曾亲口说过，对于钢铁怎么制造，他手下的许多人都比他懂得多。而他之所以能拿到这么高的年薪，是因为他知道如何与人融洽地相处。他说："我认为，我的那些能够使员工鼓舞起来的能力，是我拥有的最大的资产。而能够让一个人发挥出最大能力的方法，就是鼓励和赞美。"

每个人都希望自己获得别人的赞美，没有人喜欢被批评和指责。马克·吐温曾说过："只要一句赞美的话，我就能够充实地活上两个月。"法国的拿破仑也非常懂得赞美的力量，而且知道如何通过赞美来调动一个人的热情。他主张，对士兵要"不用皮鞭而用荣誉来进行管理"。他认为，一个在伙伴面前受到体罚的人，是不可能愿意为你效命疆场的。为了激发和培养士兵的荣誉感，拿破仑对每一位立过功的士兵都加官晋爵，而且还会在全军中进行广泛的通报宣传。通过这些赞美和变相赞美，去激励士兵勇敢战斗。

赞美的话虽然人人都爱听，但却不是所有赞美都能让对方高兴。最会说话、会聊天的人，总能让朋友更加喜欢他们，让陌生人很快亲近他们，因为他们懂得应在何时赞美别人。在日常交往中，我们也应该掌握一些赞美的技巧，从而让你的赞美发挥得恰到好处。

（1）你的赞美要满足对方的心理需求

当你想赞美别人时，不要自作聪明地认为应该赞美对方这个方面或那个方面，而应该设法引出对方更多的话题，弄清他到底希望得到你什么样的赞美，然后再"对症下药"，一语中的。也就是说，你的赞美要能够满足对方的心理需要，不要赞美得不痛不痒，更不要赞到对方的痛点上，弄巧成拙。

其实，你在准备赞美对方时，不必过于关注对方的人品和性格等，而应针对他的优点、以往的事迹和行为等进行赞美。例如，在赞美一位女性时，她身上较有特色的服饰或配饰等，就是你赞美的最好题材。如果你这样对她说："你这条项链真有特点，我只看一眼就喜欢上了！"对方一定会笑逐颜开，对你留下不错的印象。

所以说，与其毫无准备地面对一个初识的人，不如先自己准备些赞美的材料。有了这样的准备，对方往往会因为你的一句赞美而毫无保留地敞开心扉，与你成为朋友。

（2）一定要让对方觉得你的赞美不虚伪，是真实可信的

在称赞别人时，要明白无误地告诉对方，是什么让你对他的印象如此深刻。你的赞美越是与众不同，就越会让对方清楚地知道，你曾经尽力深入地了解过他，并且清楚地知道自己现在在此表达的愿望。要达到这个目的，你就得让自己的赞美独树一帜，不落俗套。

例如，你在称赞对方具备的某种让你欣赏的能力或个性时，可以列举出一些实例，如对方曾提过的某个建议或采取过的某个行动："对您那次提出来的建议，我现在都记忆犹新呢！当时您是唯一准确地预测到这一点的人。"

点明了你赞赏对方的理由，有理有据，对方对这种赞赏自然也十分受用。但要注意，赞赏要恰如其分才好，不要借一件不足挂齿的小事大肆发挥，赞不绝口，这就显得牵强和虚假了，反而容易引起对方的反感。

（3）赞美不要太突兀，贵在借题发挥

开口赞美别人时，要注意不要突然没头没脑地大放颂词。你对对方的赞美应该与你们眼下所处的环境、所谈的话题有联系。也就是说，要让你的赞美在一定的语境中发挥作用，要善于抓住关键的"题眼"。这个"题眼"，可以是人，也可以是事情。

有一次，著名作家金庸与聂卫平一起下围棋，身旁的人就问聂卫平："您有几个围棋弟子？"聂卫平回答说："最好的弟子是马晓春，但真正拜过师的只有查先生（金庸原名查良镛）一位。"又问："查先生的围棋在香港是不是最好的？"聂卫平考虑片刻回答："在香港知名人士中排第一。"众人大笑，金庸的眼睛更是笑成了一条缝。

可见，赞美的话若能与当时当地的情景气氛相协调，定然能让人默默地"陶醉"在赞美之词中。

借题发挥地赞美，其实就是不留痕迹、含蓄巧妙地称赞对方。只要能找

到恰当的"契合点"，对方就会感觉你的赞美顺理成章，而且也会从内心非常乐意接纳你的赞美。

（4）在对方引以为豪的事情上再加点"糖"

既然想获得对方的好感，在赞美对方时就得赞到"点子"上，重要的是要在对方引以为豪的地方"锦上添花"。真诚地赞美这些事情，能让你更好地与对方相处。例如，赞美一位老师，你可以称赞他的教育成绩和他的学生；对于一位母亲，你就赞赏她培养出来的优秀的孩子，等等。

每个人都有几件值得自豪的事情，要想做一个聊天高手，就得多了解对方的一些引以为豪的事情，并给予赞美，这样才能"投其所好"，获得他人的好感。

诊"聊"室

在人际交往中，你是个会赞美别人的人吗？来回答下面的问题。

（1）你能说出最熟悉的朋友或同事身上具有哪些优点吗？

_____

（2）你认为如何赞美同事或朋友身上的优点，才是他们最喜欢听的？

_____

（3）当你看到别人做出了很出色的成绩，而你没有，你还会由衷地赞美对方吗？

_____

（4）你认为每个人都渴望赞美和重视吗？你自己是不是也很渴

望得到别人的赞美？

_____

（5）回想一下，别人曾对你进行的让你印象最为深刻的赞美是什么？当时你的感受怎么样？

_____

（6）你认为经常赞美别人会给你的社交带来什么影响？

_____

7. 适当给予对方关怀，让聊天充满人情味

在聊天的时候，你曾试图关心过别人一下吗？"你最近身体怎么样？""家里还好吧？""最近工作忙不忙？"……这些从内心真诚的关心，定会让别人内心感到一阵温暖。而且由于我们的关心，对方也会深受感动，感觉我们是个充满人情味的人，接下来聊几句也就顺理成章了。

罗伯特·舒克为了写《完全承诺》这本书，想采访当时已经85岁高龄的"肯德基爷爷"哈南·桑德斯上校，想把他的创业经历写进自己的书中。他打电话跟"肯德基爷爷"约好后，便登上了飞机。结果见到"肯德基爷爷"时，"肯德基爷爷"却一脸痛苦状地说："你好，很高兴认识你。不过很抱歉，我今天不小心摔了一跤，撞到了脑袋，有些头痛，所以无法接受你的采访了。"

罗伯特·舒克当时感到非常失望，大老远坐飞机过来，却是这样一个结果。但他还是很关心这位老人，便问他："我很为您难过，伤得厉害吗？快让我看看！"

"我是跟你约好后才摔的，你看，我的头上现在还有一些瘀血。虽然没什么大问题，可像我这么大年纪的人，我觉得自己还是马上去医院比较妥当。"

罗伯特·舒克见状，马上说："那让我陪您去医院吧！"

由于罗伯特·舒克的热情，"肯德基爷爷"非常高兴，在看完医生后欣然接受了罗伯特·舒克的采访。而且，罗伯特·舒克还跟

这位和蔼可亲的"肯德基爷爷"成了好朋友。

我们在平时与人聊天时，如果也能像罗伯特·舒克一样，多给对方一些关怀，如问问对方的家庭情况、健康状况等，定会让对方感受到你的关怀，对你的好感也会自然而然地产生。

（1）聊天也要多用心，做到真正关心对方

想把任何事情做好，都得用心才行，交谈、聊天也是一样。我们在工作生活中多用心去观察对方的变化，才能通过聊天知道对方遇到了哪些情况。例如，有人脸色看起来不怎么好，你可以关切地问问他最近健康状况怎么样？是心情不好，还是生病了？对方听了你的关切之语，内心也会很感动，并对你产生好感，觉得有意愿与你聊天。

除此之外，我们还要多注意听对方说的话。例如，朋友向你介绍了一位新朋友，那么你就要通过对方所说的话来了解一些有关他的个人信息，这样你才能找到一些他感兴趣的话题与他交谈。

（2）不要总以自我为中心，过分地炫耀自己

每个人都很自我，在聊天中也不例外。但是，如果你在与别人聊天时，总是以自我为中心，不但不能提高对方与你聊天的兴趣，反而还可能遭人反感，聊天也难以深入下去。

聊天是语言上的交流，既然是交流，就要互通有无，并得到别人的认同。所以，不论何时聊天，聊什么内容，都不要以自我为中心，没完没了地炫耀自己，只谈论自己的事情，不关心别人的感受，这是不受人欢迎的。

聪明的聊天者，会真正关心对方的需求，引导对方聊聊他自己的事情，关心一下对方的感受。例如，你可以询问一下对方在哪里上班？从事哪方面的工作？有什么兴趣爱好？大部分人都能接受诸如此类的话题，而且还能产

生一种被别人重视的感觉，这也就有了彼此进一步交流下去的可能。

（3）关怀虽然是好心，但也要把握分寸

有些人在聊天时，明明是好心关怀，可话听起来就是不中听。为什么呢？因为他没能把握好关怀的分寸，把关怀变成了直击对方的痛处。这样一来，关怀也就变了味道，伤害了别人的自尊心。例如，对方刚刚被炒了鱿鱼，你本来是想关心他的近况，于是就问："听说你被老板解雇了？我早就跟你说过，那份工作不适合你。"

诸如此类的话，如果是别人对你说，你听起来舒服吗？还会愿意继续与他聊下去吗？本来对方遭遇不顺心的事，心情很糟糕，你这种"关怀"不但没有起到安慰作用，反而还等于在人家的伤口上撒了一把盐，岂不是很残忍。

如果你能换一种方式来说，效果可能就不一样了。例如，你可以这样问对方："听说你最近辞职了？这样也好，正好有机会好好休息一下。"这样一来，既给对方留了面子，又表达了关心对方的含义。

另外，对于别人的隐私、别人的缺点等，不管你是真关心还是假关心，都不要作为聊天的内容。例如，"你每月的工资是多少？""你在公司是什么职位？""你的英语成绩好像一直不好吧？"等等。可能你的确是出于好心，但这些话往往会让你好心办坏事，引起对方的反感。

诊"聊"室

假如你不清楚自己在社交中是不是很会关心人，试着回答下面的问题。

（1）你平时会关心同事、朋友或家人的健康吗？或者发生在他

们身上的其他事？

_____

（2）你的同事、朋友或家人等，经常说你是个热心肠、很会关心人的人，还是恰恰相反？

_____

（3）你会很容易地记住别人的名字，并能经常在聊天中提及他的名字吗？

_____

（4）在聊天过程中，你愿意主动找出对方和你相同的地方，以去除对方的戒备心吗？

_____

（5）回想一下，当你在社交中主动关心别人时，对方通常会有哪些表现？

_____

Part

4

聊什么？你有谈资吗？

1. 言之有物才有人愿意听

在人际交往中，我们可能会经常觉得自己或别人说话缺乏内容，显得空洞，不容易记住，一说完就忘了。为什么呢？问题就是"言之无物"，说的内容干巴巴的，没有实质性的东西，让人听起来困顿乏味，不知所云。

为什么有人会在聊天、交谈时出现言之无物的情况呢？究其原因，就在于说话者没有很好地理解自己所说的内容。你自己都不知道为什么要说这些话，又怎么能期待别人愿意听，并能与你就此畅谈呢？

要解决这个问题也不难，简单地说就是平时多丰富自己的知识，将各种知识转化为自己的"谈资"。如果是正式的社交场合，还要事先有所准备，将自己要讲的问题弄清楚、弄透彻，这样才能在聊天或讲话时做到言之有物、有的放矢。

即使是几个朋友之间最平常的闲聊，大家也都希望能从中听到一些有意思、有"聊头"的事。如果是"级别"稍高点的社交场合，那么参与者更希望通过交谈获取知识、拓宽视野、增长见识、提高水平。所谓空谈误国，空话连篇是言之有物的大忌。所以，交谈也应该有内容、有观点、有思想、有内涵，而不是空洞无物、废话连篇。如果你用这样的态度去与大家交谈，相信没人会欢迎你。

没有材料作为根据，没有事实作为依托，你就是有再动听的语言，听起来都是苍白、乏味的。所以，我们想与人顺畅地聊天，就必须有真正的"谈资"，有"硬货"，这样才有人愿意听，同时也愿意与你进行更深入的交流。

（1）"5W"公式，让你的交谈内容充满生气和活力

要想让自己在谈话或聊天时"言之有物"，语言内容充实，我们需要记住下面的"5W"公式，经常运用，有助于你增加谈资，语言充满生气和活力。

"5W"具体都包括什么呢？

◆ When：什么时间。可以是实指时间，如年月日，也可以是虚指时间，如现在、此时、昨天、我小时候、毕业期间、前不久等又如很久以前、从前、古代、有一天等。

◆ Where：什么地点。可以是具体地点，也可以是大的区域，如国家、省份、地区，还可以是某个点，如房间、办公室、会议室等。

◆ Who：什么人（物）。可以指人、物、神、某个东西或某个特定对象等。

◆ What：什么事。也就是具体发生的事件、情节等。

◆ Why：为什么。事情发生的原因，以及产生了什么样的结果等。

充分运用好这个公式，就能让我们在谈天说地时显得有声有色，大大提高我们的表达能力。

（2）巧妇难为无米之炊，多积累素材，才能更有谈资

也许你认为会聊天的人是天生口才好，口齿伶俐，所以才会说什么都动听。其实你的这种看法是片面的、肤浅的。因为口才好、会聊天、聊天内容丰富的人实际是建立在他们善于思考、善于观察、兴趣广泛、常识丰富的基础上的。他们会不断地扩充自己的兴趣面，积累各方面的知识，这样在准备用时才会信手拈来，出口成章。

著名剧作家曹禺先生曾说，哪一天我们对语言着了魔，那才算是进了大门，以后才有可能登堂入室，成为语言方面的富翁。所以，你要想在聊天或其他形式的交谈中做到出口成章、言之有物，也需要在平时下些工夫才行。

（3）多动嘴、多动手、多动脑，才能练就超群谈吐

要拥有好的口才，让自己在聊天时言之有物，就必须借助日常会话来锻炼口才，并用心学习有风度、不做作的说话方式。

同时，你还需要多读一些大家、名家所写的书，并多注意其中一些词语的使用方法，边看还要边思考：怎么才会表现得更好？如果自己在聊天、交谈时使用这些语言，有哪些地方需要改动？在什么场合使用这些语言更为妥善？

描写同样的事情，因作者不同，其表现方式也会有所差异，而读者对其的理解也同样有差异。诸如此类的问题，阅读时最好都注意到。无论多么精彩的内容，如果言辞的使用方法很奇怪，或文章本身缺乏风格，或文体和主题不相称，都会令听者觉得扫兴。

（4）聊天、交谈不但要"有物"，还要"有序"

卡耐基在《语言的突破》中曾说过这样一段话："如果一位演说者从一个问题跳到另一个问题，然后又回过头来再谈一遍，就像一只蝙蝠在夜色中那般飞翔不定，还有什么比这种演说更令人感到困惑及糊涂的呢？"

我们常常强调说话要"言之有物"，不能说空话、大话、没用的话，但同时也要注意"有序"，要按照一定的顺序把自己想说的话说出来，语言要层层陈述，清晰有力。如果你胸中空有"物"，说出来却是颠三倒四、七拼八凑，东一句西一句，那么别人很难听懂你说什么，也不知道你重点要表达什么。

说话有序，语句间就会显得衔接紧密，语言才能连贯。我们可以通过连接词的运用来达到言之有序的目的。例如，在说话时，不要想说什么就说什么，可以先想好自己说话的主题，然后按照开始、高潮、结束的顺序，一步一步地讲下去；或利用首先、其次、然后、最后等一些连接词，将你要说的内容连接起来。这样，你说出来的话才能避免多而乱，让听者听起来更清晰、更好理解。

另外，你说出来的话还应该主次分明，要善于围绕一个主题，不能东拉西扯、信口开河。主要的内容就详细讲，次要的就略讲一点；主要的先讲，次要的放在后面讲，这样才不至于让你的话显得杂乱无章。

诊"聊"室

如果你不知道自己的聊天内容是否受欢迎，可以试着回答以下问题。

（1）通常在聊天时，你能很快找到话题，并得到大家的回应，一起发言讨论吗？

_____

（2）你的同事或朋友是否愿意与你交谈？他们有没有觉得你有时说话内容空洞、不具体，或者不够通俗？

_____

（3）在比较正式的发言前，你会进行精心的准备吗？还是现场发挥，想起什么说什么？

_____

（4）有没有朋友对你说过，你说话经常跑题？

_____

（5）你在讲述一件事时，一般会怎么讲？是平铺直叙，说完拉倒，还是能说得绘声绘色，让大家听得兴致勃勃？

_____

（6）回想一下，你最近听过的最有意思的谈话是什么？其中哪些内容最吸引你？

2. 饱读诗书，成为历史通

一个胸无点墨的人，是不能做到在聊天、交谈中应对自如、侃侃而谈的。"工欲善其事，必先利其器。"这是一句非常实用的老话，想和任何人都能愉快、顺畅地聊天，就必须具备广博的知识。书本是增长知识的重要工具，即使最伟大的口才家，也需要借助阅读来丰富自己的谈话内容。

"熟读唐诗三百首，不会作诗也会吟。"在与人交谈时，如果你能拥有渊博的学识和丰富的历史知识，那对你来说简直就是"如虎添翼"。渊博的学识有助于你在不同的场合，对于不同的话题都能参与其中，真正做到在聊天、交谈中"如鱼得水"。这不但能增加你的言谈魅力，同时还能博得他人的青睐。

某地有一家美容院，生意兴隆为当地之冠。在讲述经营之道时，店主坦承，是由于美容师在工作时善于与顾客攀谈聊天之故。如何才能让员工善于说话呢？原来店主规定，每位职员每天早上开始工作前，都一定要阅读报纸杂志，这成为该美容院的一项日常功课。通过阅读，店员自然能找到与顾客谈话的资料，博得顾客的欢心。

可见，阅读在提升你的修养的同时，也让你不断积累谈话的素材，是丰富谈资的好方法。那么，如何才能让自己拥有渊博的学识，并将这些学识运用到谈话当中去，使得自己的说话水平得到提高呢？

（1）多读史书，做个言谈中的历史通

在谈天说地中，大家有时免不了要谈古论今。如果你的历史知识足够丰富，对大家谈论的话题能接上话，甚至能发表自己的一些独到观点，那么你也一定会让大家刮目相看，大家也愿意与你探讨一些历史话题。

要做到这一点，你就要在平时的生活中多下些工夫，多看一些史书、诗书等。例如，中国的四大名著《红楼梦》、《水浒传》、《三国演义》和《西游记》，可谓是我国历史上的经典之作。尤其是《水浒传》和《三国演义》，建议你仔细阅读。

除此之外，《史记》、《战国策》、《资治通鉴》、《三国志》、《汉书》、《后汉书》以及唐诗宋词等，也都很值得一看。这些书中的任何一本，只要你细心阅读过，都能有很大的收获。

"穷书万卷常暗涌"，吟咏其中，则可心领神会，产生强烈的趣味。熟悉语言的精妙之处，便会唤起灵敏的感觉；熟悉名著佳作的精彩妙笔，便能获得丰富的词汇。这样自己在谈话时，优美的语言也会不招自来。

（2）对一些外国名著也要适当涉猎，它们同样可以成为你的谈资

一些国外的名著，如《苏菲的世界》、《飘》、《简·爱》、《茶花女》等，你若仔细阅读，便能增长智慧、开阔视野。再如《世界美术名作二十讲》、《随想录》、《外国古建筑二十讲》、《雪莱抒情诗选》、《草叶集》、《西方艺术的故事》等，认真阅读研究，往往也能从中学到许多新知识。

在阅读时，最好养成摘录的习惯，把其中的好句、让自己心动的话语等，摘抄在卡片或日记上。每天坚持这样做，哪怕一天只记一两句，积少成多，也是很有意义的。这样日积月累，在谈话聊天时，它们就会随时随地从你的头脑中冒出来，让你尽情谈吐。

（3）多积累生活知识，对事情能有自己的见解

渊博的学识大都来源于书本和生活两个方面。除了书本上的知识外，生活中的知识也相当重要。不论是本国的习俗，还是其他国家的惯例，以及世界上各个国家之间通用的规则等，都要学习涉猎。只有这样，你才能在社交中拥有超凡的谈吐，并有源源不断的话题和应对他人话题的素材。

当然，即便你学富五车，也不能时时处处都生搬硬套，太过于教条，而是要根据具体情况对其加以思考和引申。一个人的博学，并不完全在于知晓天下之事，还在于对天下事有自己的理解和看法。

诊"聊"室

不确定读书是否会帮助交谈、增加谈资吗？请回答下面几个问题。

（1）你是个爱读书的人吗？哪类书籍最能吸引你的阅读兴趣？

_____

（2）写下你最喜欢的几本书的名字，并思考一下，你喜欢它们的原因是什么？

_____

（3）读完一本书后，你会认真思考其中的一些内容，并写出一些自己的感悟或见解吗？

_____

（4）在交谈或聊天过程中，你会把读过的一些书的内容拿出来与大家分享吗？

_____

（5）你在聊天时，会经常引用书中的某句或某段话吗？通常大家会有哪些反应？

_____

3. 善于观察生活、感悟人生

人的一生是有许多阶段的，如纯真无邪的少年时代，激情如火的青春岁月，厚重沉稳的中年时期，从容淡定的人生暮年。每一个时期，都是一处独特的风景，每段岁月也都会让我们产生不同的感受，并成为我们人生的资本，成为我们说话谈天的素材。

生活就像江河一样奔流不息，又像大海一样浩瀚深邃，变幻莫测。因此，我们要善于观察生活、感悟生活；记住人生中的每一次感动，记住生活中的每一次感激，记住生活中的每一次感恩。这些发生在你身上的故事，都可以充实你的口才资本。

在一次旅游中，旅游车行驶到了一段坑坑洼洼的道路上，车上的游客纷纷抱怨。这时，导游微笑着说："现在请大家一定要身心放松，因为我们的旅游车正在为大家做全身按摩，按摩时间大约为10分钟，不另收费哦！"旅客们一听，都笑了起来，抱怨一下子烟消云散了。

后来，因天气原因，旅客乘坐的飞机改了航班，大家都很扫兴。这时导游又安抚游客说："这样一来，咱们刚好可以利用这个机会去苏州，大家的行程就又增加了一座美丽的城市，在您的相册上和记忆中还可以留下'东方威尼斯'的丽影。"此话一出，大家的兴致立刻高涨起来。

俗话说："处处留心皆学问。"只要你做个生活中的有心人，多观察生活，多留心身边人的说话方式和技巧，并加以学习，你就会有很多重大的发现和可喜的收获，从而慢慢变成一个聊天高手。

（1）练就一双善于观察、发现的慧眼

我们每个人都生活在真实的空间中，每天也都会遇到很多陌生的人、陌生的事。"太阳每一天都是新的"，只要善于观察，你就能经常在生活中发现有趣的人、有趣的事，从一些细小的地方、平常的事情中获取口才的技巧。

"美是到处都有的，对于我们的眼睛，不是缺少美，而是缺少发现美"，所以，不一定非等到有大事发生时才能引发感受，一个自然的景象，一件细微的小事，一个小小的微笑，一丝淡淡的心绪，都能引起我们的某种感受，这些也都能成为我们谈论的契机和切入点。

（2）培养一颗多愁善感、敏锐善思的慧心

在生活当中，我们不仅要善于观察，还要善于从生活中所遇、所见、所闻及所做的事情中得到启示，有所感受，有所发现，并认真思考，这样才能敞开自己的思路，打开话语的闸门。"用心感受，生活本来有滋有味。"要想体会出生活的滋味，丰富你的谈资，就必须有一颗多愁善感、敏锐善思的慧心。因此，我们要主动将自己置身于生活的洪流中，做生活中的有心人，事事关心，时时在意。一个内心情感世界非常丰富的人，也定然能成为随时随地都有"资"可聊的人。

（3）加强自身的道德修养

在当今社会，我们要努力加强自己的道德修养，培养自己的高尚人格，认真地对待生活，对社会充满责任感。只有道德思想高尚的人，才能对生活、对人生有积极向上的态度和感悟。

一个人如果文化修养好，道德修养高，对各种事物都有所了解和掌握，

再加上语言方式灵活，词汇丰富，那么他讲起话来也一定能信手拈来，得心应手，与别人聊天谈论时也能游刃有余，同时还能将自己积极的生活态度传达给他人，感染他人，获得他人的认同。

（4）多向知识渊博、口才好的人请教，多倾听别人的谈话

英国诗人雪莱说过："我们学得越多，就越发现自己的无知。"你要想提高自己的口才，就必须放下架子，丢掉面子，向知识渊博和口才好的人多学习、多请教，这样才能让自己的口才能力突飞猛进，收到事半功倍的效果。

在多向会说话的人学习请教的同时，你还要多去倾听别人的话语。西方有句谚语说："上帝之所以给人一张嘴两只耳朵，就是要人多听少说。"多听，才是最有收获的，它不仅能让你丰富自己的内在知识，还能让你学习别人的长处，用一颗自信与谦和的心态去面对自己的每一次社交与工作中的场合，即使自己做得不够好，只要努力，相信假以时日，你也能成为一名说话和沟通的高手，为自己的事业和生活带来很多帮助和快乐。

诊"聊"室

如果你不确定自己是不是一个善于观察生活的人，请回答以下问题。

（1）当你看到街边的橱窗时，你会注意里面的内容，还是只关心对自己有用的东西？

_____

（2）在公园等人时，身边的哪些人或事物能给你留下深刻的印象？或者你根本就不留意这些？

_____

（3）不论多嘈杂破落的地方，你是否都能发现美的事物？

_____

（4）在大家眼中，你是个心思缜密的人吗？

_____

4. 经常与口才好的人交往

相信你在很多场合都能听到这样一句话：要成为什么样的人，就要跟什么样的人在一起。同样，如果你想成为一个口才好的聊天高手，当然最好能跟口才好的人多交往。

为什么这么说呢？因为不同的人生活在不同的圈子中，每个人自然也就有一些特长和爱好不同的朋友、同事等。例如，在企业老板的周围通常会聚集许多老板、高管；在搞营销的人周围则聚集着相当一部分的营销人；在娱乐圈的人周围，同样有很多都是娱乐圈的人。现在很多教人赚钱的人，也都会传播这样一句话：想成为百万富翁，就要跟百万富翁多交往；而要成为亿万富翁，就要和亿万富翁多交往。

> 英国戏剧大师萧伯纳的口才是有口皆碑的。但是，萧伯纳年轻时却胆小木讷，拜访朋友时都不敢敲门，常常"在门口徘徊20多分钟"，怯于开口。后来，他鼓起勇气参加了"辩论学会"，经常与那里的辩手打交道，而且不放过任何一次机会与对手争辩。他练习胆量，练习语言，练习机智，千锤百炼后终于成了演讲大师。他的演说，他的妙对，传诵至今。

同样的道理，你想成为口才大师，想让自己在任何场合下都能出口成章，那么自然也要多与口才好的人交往。在他们的耳濡目染之下，你也能很快学到他们身上那些好的交谈方法、技巧、语气、态度等，渐渐为自己所用。

（1）扩大自己的交往圈，多注意观察那些口才好的人如何表达自己的观点

要想知道那些口才好的人都是如何表达自己的，从现在开始，你就努力扩大自己的交往圈，多争取与那些口才好的人接触的机会。

当他们在交谈或聊天时，如果你没有谈资或者不知道怎样开口，一个最好的办法可以让你马上融入他们的谈话当中，那就是倾听。在倾听时，你的眼睛和大脑都要运转起来，看对方是如何表达他们的观点的，他们在说某些话时用了哪些手势，表情是什么样的，等等。同时，你的大脑也要快速运转，从对方的语言中提炼出有价值的信息，弄清楚对方所说的哪些话是吸引你的，为什么会吸引你？下次你在说同样的话题时，能否像他那样说得精彩？

俗话说，熟能生巧。如果你经常细心地观察分析他们的谈吐，慢慢地你也能吸取他们谈话中的精华部分，为己所用。

（2）多观看一些精彩的演讲、辩论活动，找出它们的精彩之处

很多人可能觉得演讲和辩论活动中都是满篇听不懂的新名词，其实恰恰相反。演讲者和辩论者在经过准备之后，对话题的理解往往都很深刻，而好的演讲和辩论会既能深入、又能浅出，发言时都会尽量避免使用专用术语，即使用也会特别说明。而且，辩论中经常会运用比喻、举例、排比等手法，甚至有一些是很风趣幽默、吸引人的语言。

经常观看这些语言类活动，耳濡目染，对提高自己的语言表达能力大有帮助。

（3）参加一些关于聊天的技能学习，潜移默化地受影响

有的人不管怎样都说不好话，或者处处得罪人，更别说什么通过聊天搞事业了。然而，当你训练不好自己的口才时，有没有想过报名参加一些训练班呢？

加入一些口才训练班，我们就能与口才超群的老师交往，从老师那里学到聊天的技巧，而且有不懂的地方还能当面问老师，第一时间解决让你深感疑惑的问题。更主要的是，加入训练班也能扩大我们的交际圈，因为在那里我们能遇到一些同样训练口才的人，大家彼此免不了要交流闲聊，在这个过程中，我们的聊天能力也在不断地得到培养和提升。

（4）培养自己的信心，敢在大庭广众之下发言

你是不是总是埋怨自己的谈吐能力太差？或者认为自己的口才并不差，只是不能很好地发挥自己的口才？

这些情况都很常见，其实你并不完全是因为谈吐能力差，而是缺乏相应的自信心。要想得到别人的肯定，首先要相信自己，相信自己也能像周围那些出口成章的人一样，拥有出色的谈吐。

拿破仑·希尔曾说："有很多思路敏锐、天资很高的人，却无法发挥他们的长处参与讨论，并不是他们不想参与，只是因为他们缺少信心。"所以，要想让自己也能在众人中间有资可聊，就要多在众人面前慷慨陈词，即使说得不够好，甚至说错了，也没关系，这可以帮你逐渐增强信心。

诊"聊"室

如果你不清楚如何提高自己的口才，请回答以下几个问题。

（1）你喜欢看一些演讲口才类的书籍或电视节目吗？对其中提高口才的方法是否认可？

_____

（2）你认为经常与口才好的人交往，能提高自己的口才能力吗？

_____

（3）你自认为自己的口才能力如何？曾经尝试过一些提高口才的方法吗？

_____

（4）你的朋友当中，你认为谁是最会说话的人？其中最让你钦慕的是哪一点？

_____

（5）你有向朋友请教过一些提高口才的方法吗？他们提供给你的方法是否可行？

_____

（6）你想过加入一些口才训练班吗？为什么？

_____

5. 灵活运用修辞，让表述形象生动

修辞，是对语言进行修饰、调整和加工的技巧。运用好修辞，就好像给语言穿上了美丽的衣裳，画上精致的妆容一样，能增强语言表达的艺术效果，增加感染力和吸引力，让你说话的内容更加生动、形象。

我们从小学就开始学习修辞，如比喻、排比、借代、夸张、对偶、反问、设问、双关等。这些修辞方式你应该不感到陌生吧？但在日常交谈、聊天中，我们可能很少灵活地运用它们，这实在是个大大的浪费。许多口才卓绝的名人，就非常善于在自己的谈话中运用修辞，往往也能达到事半功倍的效果。

1775年3月23日，美国独立战争时期，著名政治家帕特里克·亨利在弗吉尼亚州会议上慷慨陈词，发表了激情四射的演说："……回避现实是毫无用处的。先生们会高喊：和平！和平！！但和平何在？实际上，战争已经开始……我们的同胞已身在疆场了，我们为什么还要站在这里袖手旁观呢？先生们希望的是什么？想要达到什么目的？生命就那么可贵？和平就那么甜美？甚至不惜以戴锁链、奴役的代价来换取吗？……不自由，毋宁死！"

这次极具震撼力和感染力的讲话被誉为"美国独立战争的导火索"。在演说中，亨利运用了斩钉截铁的言词和一连串的反问，表达了震撼人心的浩然正气，让每一位在场的听众都听得热血沸腾。这就是运用反问这一修辞手法的妙处。

（1）在聊天中善用比喻，能更容易地让别人理解和接受你的观点

仔细观察那些当红的节目主持人和研讨会主办人，你会发现，他们都是一些善于在说话时运用比喻的高手。

如何才能像他们一样，谈天交流时做到比喻随口而出呢？这固然与一个人的思维灵活程度有关，但更重要的是自己日常的练习。如果每天进行类似"这好比……一样"、"总之是……"、"简直就像……"等换句练习，你会发现，自己说话打比方的能力在逐渐提高。

要是感觉这样的练习还有难度的话，也可以直接用"比如说……"来举一些具体的例子，与普通的解释相比，这种说法更显得形象生动。

（2）一语双关，让人不得不赞叹你的语言功底

一个词或一句话在不同的语境下，含义往往也不同，这就构成了双关。双关这种修辞手法，能让语言听起来更加含蓄自然、幽默风趣，具有很强的感染力。

在平时聊天时，你肯定也会经常遇到一些不宜正面回答的问题，这时就是使用双关最合适的时候。巧妙地用双关语应对，既能让对方心领神会，又给对方留了面子。

加拿大前总理让·克雷蒂安从政 40 余年，德高望重，政绩显赫，被誉为北美政坛常青树。但他从小有先天性生理缺陷，左脸偏瘫，因此在讲话或微笑时，嘴角总会歪向一边。有一次，一位政敌借此讥讽他说："你用一边嘴说话。"克雷蒂安听后，迅速回应道："是的，我是用一边嘴说一种话。不像你，用两边嘴说两种话。"

克雷蒂安一语双关的说话技巧，表现了作为一名政治家、交谈家的睿智与幽默，既化解了突如其来的尴尬，又捍卫了自己的尊严。

（3）巧用夸张，增强话语的感染力与形象力

在聊天时，我们常常有这样的经历：当说某个人又高又瘦时，通常形容他像"竹竿"；说自己穷困时，可能会说"穷的身上一毛钱都没有了"。果真是高瘦得像"竹竿"吗？真能穷得一毛钱都没有吗？

当然不是，这是夸张的说法。这种修辞虽然言过其实，但在聊天时运用得当，听者不仅不觉得虚伪，反而还感觉形象有趣。所以在聊天、说话时，合理地运用夸张的技巧，既能加强说话的感染力，又能"启动"听者的想象力。

古人云："俗人好奇，不奇声不用也。故誉人不增其美，则闻者不快其意；毁人不益其恶，则听者不惬于心。闻一增以为十，见百益以为千。"这句话提醒我们，夸张在说话时可以用，但不能哗众取宠，更不能无中生有、信口开河。它需要以客观事实为基础，必须反映客观事物的本质特征。之所以言过其实而又不虚假，就在于夸张凸显了事物的某一部分性质，不似真实而又胜似真实。

其次，还要注意把握分寸，要让听者知道你是在夸张而不是写实。切不可单纯地为了猎奇而强行运用夸张，让人听起来不仅不形象，反而有矫揉造作之嫌。

诊"聊"室

不清楚自己在说话时运用的修辞是否合适，就试着来回答以下几个问题吧。

（1）你认为修辞在语言中所起到的最大作用是什么？

_____

（2）在学习语言过程中，你个人最擅长运用的修辞手法是什么？

_____

（3）你的朋友、同事或领导，在说话时会经常运用一些修辞手法吗？作为听众，你认为这样让他们的语言有了哪些改变？

_____

（4）尝试在说话时用一些简单的修辞，看看自己的说话效果有什么转变？

_____

6. 善用名言警句，让语言锦上添花

世界上的许多成功人士，不仅为人类的文明发达、繁荣进步创造了巨大的物质财富，也为后人留下了广博的精神财富。他们创造了许多名言警句，不但脍炙人口，还富有哲理，发人深省，闪烁着智慧的光芒。在聊天、讲话时，如果能适当引用这些名言警句，不但能显示出你学识的渊博，还能为你的语言锦上添花，大大增强语言的感染力。

在第二届全国大学生泰达论坛上，一个名叫闫研的学生说了这样一段话。

和谐社会要求我们青年人将个人的理想熔铸于社会的理想之中。

诗人流沙河有诗句说："理想是石，敲出青春之火；理想是火，点燃熄灭的灯；理想是灯，照亮夜行的路；理想是路，引你走向黎明。"

高尔基也告诉我们："当大自然剥夺了人类用四肢爬行的能力时，又给了他一根拐杖，这就是理想！"一部社会发展史，就是人类为实现理想而奋斗的历史，从茹毛饮血到大同世界，理想始终是一个人、一个民族、一个国家的精神支柱。在现阶段，只有自觉地把个人理想融入到全国人民建设中国特色社会主义的共同理想之中，理想才会熠熠生辉。

在这段话中，闫研先提出青年人将个人的理想熔铸于社会的理想之中，是和谐社会要求的观点，然后引用流沙河的名言，又引用高尔基的名言，层层深入，催人奋进，生动形象地阐明了理想的社会功效，使这段话听起来充满新意。

要想让自己在与别人聊天时有资可聊，平时就要多读一些名言警句，并理解它们的意思，这样在适当的场合，你就可以自如地运用它们，提高自己的聊天水平。

（1）每天记住几句名言警句，它们会成为你聊天的最佳素材

可能很多人都会这样说："我也想妙语连珠，出口成章，可'肚里没货'啊！"

肚里有没有"货"，在很大程度上制约着口才的发挥。大凡口才好的人，在聊天、说话时，往往也能旁征博引，融会贯通，谈吐自如，妙语连珠。而要做到这一点，除了要有渊博的学识外，更重要的是要有深厚的语言积累。

名言警句的积累，对锤炼口才尤其重要。因为这些词语或句子是人类智慧的结晶，不仅蕴涵着深邃的哲理，还读起来朗朗上口。如果你也想增强自己的口语表达能力，成为一个口才极佳的人，那么不妨给自己制订一个计划：每天记住几句名言警句。积少成多，集腋成裘，久而久之，你也能拥有一副好口才，也能在与别人聊天、交谈时做到张嘴就来。

（2）在恰当的场合，以名言警句作为聊天的开场语，吸引对方的注意力

你有没有过这样的感受：说话时不知该怎么开头，难以进入角色，跟别人聊天也感觉很被动？

出现这种情况，通常是因为你的开场白不够独特，没能很好地吸引对方的注意力，抓住听众的心。如果你能在开场白适当加入几句名言警句，那么对方一定会被你独特的交谈方式所吸引，并对你的博学多识深感钦佩。这样一来，你很快就能与聊天对象之间建立很好的认同感，架起彼此之间的第一座沟通桥梁，并迅速打开谈话局面，给对方留下一个良好的印象。

（3）善用名言警句制造谈话高潮，激发听者的共鸣

清代文学家袁枚在《随园诗话》中说："文似看山不喜平。"指出写文章要曲折有致。

说话也是如此。不论在任何场合，也不论是做演讲、做报告还是几个朋友坐在一起闲聊天，讲话都需要抑扬顿挫，富有变化，不能平平淡淡，一个调子讲到底，这样的话是没人爱听的。

在一些具体的环境中，我们就可以利用名言警句来推波助澜，制造一些谈话高潮，激发起听众的情感，获得对方的认同。尤其是在一些演讲和辩论中，善用名言警句最能增强效果。

例如，作家韩素音在第二届"理解与友谊国际文学奖"授奖仪式上的答谢辞《四海之内皆兄弟》中，就有这样一段话。

"英国人有一俗语：言贵简洁，智在清晰。对此，我完全同意，并在世界各地两千余次的演说中总是努力实践。因而，今天也只说几句话……"

"由于我本人是中西合璧的混血儿，介乎两种文化之间，因而一贯地认为，促进世界上各民族之间的相互理解，乃是十分自然的事。思考方法之歧义，不应导致仇恨和排斥，而是应该学习和努力理解。我身体力行，只是遵循中国古代哲学而已：四海之内皆兄弟也。"

作者在开头就直接引用了英国的俗语，说明演说、谈话贵在简洁，为自己的讲话奠定了基调。最后，又引用中国古代名言"四海之内皆兄弟也"，表现了对世界上各民族之间的相互理解的迫切心情，将演讲内容推向高潮，激发起在场听众的共鸣。

诊"聊"室

如果你不清楚运用名言警句在聊天、说话中的作用，请回答一下下面几个问题。

（1）人生格言是一个人机智之精华，众人集成的睿智，那么，你能说出几个比较著名的名言警句吗？试试看。

_____

（2）哪些名言警句曾让你产生过共鸣，或激励了你？

_____

（3）当你听到别人能在聊天或交谈时说出一句或几句名言警句时，会不会觉得对方很博学？

_____

（4）试着在聊天时说出几句名言，看看大家会有什么反应？

_____

7. 歇后语和谚语的运用

谚语和歇后语寓意深刻，韵味隽永，结构固定，朗朗上口。在说话时巧妙地运用它们，能让语言更加形象生动、诙谐幽默，听者往往也能产生如饮甘泉的感觉。

谚语类似于成语，但口语性更强，也更通俗易懂，而且一般都能表达一个完整的意思，形式上差不多都是一两个短句。我们在日常说话时也会经常用到谚语，如要表达"思乡"的意思，可以说"在家千日好，出门一时难"、"树高千丈，落叶归根"之类的谚语。

歇后语都由前后两半截构成，前半截是形象的比喻，像谜语的谜面；后半截是对前半截的解释，像谜语的谜底。其独特的结构形式，风趣的表达效果，也让人们在言谈中对它情有独钟。

例如，你要表达"两面讨好"这个意思，可以说"快刀切豆腐——两面光"；要表达"虚情假意"的意思，就引用"下雨出太阳——假晴（情）"这样的歇后语。这会让你的语言显得生动活泼，饶有趣味，给听众留下鲜明深刻的印象。

（1）丰富自己的文化知识，对各种谚语、歇后语博闻强记

我们这里所说的文化，并不仅限于运用一般知识的能力，而是人类在社会历史发展过程中所制造的物质财富和精神财富的总和，如天文、地理、历史、文学、艺术、哲学、经济、法律等。这些文化知识往往又浓缩在成语、典故、名言、警句当中。你在阅读之后，如果觉得有用、有趣，就拿笔记录下来，并时常拿出来翻一翻。重复往往是最好的记忆方法，久而久之，你就能熟练地运用这些特殊语言。这种方法不仅能使你陶冶情操、提高修养、开阔视野，

还能让你的言辞变得更具感染力、说服力和吸引力。

当然，要巧妙地运用好歇后语，一定要准确理解歇后语本身的含义，注意歇后语与自己所表达的内容吻合，并且要将歇后语自然地融入具体的语境中，让人感到顺口才好。

（2）巧用歇后语，让你的语言变得风趣幽默

在谈话或聊天时，巧妙地运用一些谚语或歇后语，既能让你的语言风格显得特立独行，吸引听者的兴趣，又能让你的语言更加风趣活泼，从而让聊天气氛变得更加融洽、愉快。

> 某航空公司召开新闻发布会。在大会上，公司董事长先向全国各大传媒机构介绍公司的发展史：从一千万政府贷款起步，历经几年坎坷，终于跻身全国知名民航公司之列，拥有固定资产45亿，运营资产70亿。随后，公司总裁发表了一段风趣幽默的讲话。他说："刚才董事长的讲话让我非常振奋。在这里，我想用几个歇后语来概括一下我们公司的创业史：创业之始，我们是石灰厂开张——白手起家；一路拼搏下来后，我们是矮子上楼梯——步步登高。之所以能有这么明显的变化，其中一个重要原因就是我们有了（转身面向董事长）您这个当家人，您就是飞机上挂水壶——高水平（瓶）！"

公司总裁在讲话中巧妙地运用了歇后语，不仅让他的话极显风趣幽默，让董事长听得心花怒放，还愉悦了听众的心理，活跃了整个会场的氛围。

（3）聊天时运用几句恰当的谚语，可以让你的语言更加简练通俗

谚语也被称为"俚语"、"俗语"，是人们口头广泛流传的现成语句。它的内容涉及我们生活的方方面面，例如，交友处世类的"君子之交淡如水"；劝学类的"活到老，学到老"；民俗类的"入庙拜佛，入乡随俗"；道德情操类的"人穷志不短"……

在我们日常的闲聊、交流当中，经常会听到谚语。即使是一些大型的会议，有时为了表述清楚，也会运用谚语来传情达意。例如，在一场有关可替代能源的座谈会上，影片《难以忽视的真相》的制片人劳伦斯·本德，就以一句谚语来开始了他的演说："当风向改变时，有的人筑墙，有的人造风车。"在另外一场座谈会上，一位企业主管向大家解释西方公司为什么不愿意在新兴市场积极开展公共关系时指出："在中国，人们说'枪打出头鸟'。"

这些都是谚语的巧妙运用。从中我们也能看出，运用了谚语的语言显得非常活泼生动，理解起来也更容易。如果你能在聊天中经常使用几句合适恰当的谚语，那么也一定可以增强语言表达的能力。

（4）储备聊天时常用的歇后语和谚语

以下给大家罗列一些常用的歇后语。

老鼠掉进米缸里——求之不得；

秃子头上的虱子——明摆着的；

裁缝师傅戴眼镜——认真（针）；

拽着胡子过河——谦虚（牵须）；

穷木匠开张——只有一句（锯）；

扇着扇子说话——疯（风）言疯（风）语；

王八肚子插鸡毛——归（龟）心似箭；

矮子上楼梯——步步升高。

以下是一些常用的谚语，大家不妨适当记忆储备。

八成熟，十成收；十成熟，二成丢；

把舵的不慌，乘船的稳当；

白米饭好吃，五谷田难种；

百日连阴雨，总有一朝晴；

从俭入奢易，从奢入俭难；

打铁看火候，庄稼赶时候；

儿大不由爷，女大不由娘；

耳不听不烦，眼不见不馋；

饭后百步走，活到九十九；

鼓要打到点上，笛要吹到眼上；

好花开不败，好事说不坏；

画人画虎难画骨，知人知面难知心。

诊"聊"室

如果你不确定歇后语和谚语在口才中的作用，试着回答以下问题。

（1）你认为歇后语和谚语是否有一定的语言价值？

_____

（2）你的身边是否经常有人会动辄说几句歇后语或谚语？

_____

（3）如果你在形容一个人或一件事时，用上了谚语或歇后语，你的听众会不会觉得很生动、形象，很容易理解？

_____

（4）在阅读时，当你读到一些歇后语、谚语时，有没有觉得它们让语言变得更加生动了？

_____

（5）你是否喜欢阅读一些有关格言警句、歇后语、谚语等方面的书籍？

_____

Part 5

先读心，后说话

1．注视对方的眼睛，再确定说什么

当和别人交流时，为了表示尊重，我们通常会注视对方的眼睛，或者看着对方眼睛偏上的部位。学过心理学的人，肯定知道每个人的心理变化都会通过某些不明显的细节反映出来，而泄露秘密最多的部位就是眼睛——人们的心灵窗户了。

所以，在与人交谈、聊天时，我们应多注意对方的眼睛，通过对方的眼神变化来洞悉对方的内心世界，然后再确定自己该说哪些话，对方对自己的话是否感兴趣以及交谈是否有继续下去的必要等。

薇薇在公司工作了三年，最近因为加班问题与主管有了矛盾。薇薇觉得与主管闹别扭总归不是办法，便决定与主管言归于好，主动退让一步。于是，这天下班后，薇薇主动来到主管面前，汇报自己的工作情况，本想汇报完工作后再邀请对方一起吃晚饭。没想到，从薇薇站到桌前开始，主管的眼皮都不曾抬一下，始终没有看薇薇的意思，说话也只是"嗯、啊"地答应着。薇薇见主管这种态度，只好放弃邀请对方一起吃饭的打算，拿起文件夹走出了主管的办公室。

很明显，这位主管在与薇薇交流时眼皮都没抬一下，表明他是拒绝与薇薇交流的。如果薇薇依然不停地与主管说话，那么结果可能更糟糕。

这也提醒我们，当与某个人说话、聊天时，如果对方不愿意与你进行眼神的交流，或者目光游移，你就要注意一下，是否自己的哪些言语、动作令对方感到不安，或者你的话题难以引起对方的兴趣。如果是，你就应尽快停止谈话，或者转移话题。

下面的几种眼神变化，往往传递出主人各种不同的心理活动。如果学会看清对方的眼睛后再说话，往往能让你与对方的交谈变得更顺畅，彼此关系也会更亲近。

（1）对方眼睛的瞳孔放大，说明对你很有好感

人的瞳孔不只会因为光线强弱的变化而放大或缩小，也会因为心理状态的变化而发生变化。通常，人们看到自己喜欢的人或听到喜欢的话时，瞳孔都会放大。即使对方假装扭头看向别处，表现得毫不在意，但通过瞳孔放大这一自然的生理反应，你也能很快看透对方的心思。

眼睛一直都是人们最为关注的五官之一，很多人都认为眼睛是最能传达情感，同时又是最不会说谎的五官之一。如果你在与对方说话、聊天时，发现对方的瞳孔明显放大，那说明对方对你非常有好感，甚至已经完全信任你了，你可以继续与对方畅聊下去。

但是，谈话时要仔细观察对方眼睛瞳孔是否放大可能有些困难，如果紧盯着对方的眼睛，会让对方感到紧张、不自在，进而影响谈话的质量。因此，在日常聊天、谈话时，不要一直盯着对方的眼睛去看瞳孔扩大了没有，只要进行正确的目光接触就能控制谈话的局面。例如，对方眼睛睁大，目光有神，也表示对你当前的话题感兴趣。如果稍微眯眼，用有些斜视的眼神看着你，那么你最好闭嘴，或者转移话题，因为这表示他并不想听你继续说了。

（2）眼睛东张西望，表示对方对你的话题感到厌倦

东张西望的眼神，很容易让人产生不安全感。如果在交谈时出现这种情况，往往表示对方对你当前的话题或内容已经厌倦，迫切地想要停止并离开。

当人的目光上下左右四处看时，我们通常认为是在观察周围的环境和事物，但其实这是大脑在搜寻离开的路线。因此，东张西望的眼神往往是人们对于眼前的人和事物缺乏安全感的表现。

如果一个人与一个自己并不喜欢的人说话，他就会本能地想看别的地方，寻找可以摆脱这个人的方法。所以，如果你在与对方聊天时，发现对方的眼睛不停地东张西望，那么你要注意了，对方很可能想快点结束与你的交谈，他已经感到很厌烦了。

（3）说话时不看人，表明对方不赞同你的观点

当两个人彼此眼神交汇时，才算是真正形成了互相沟通和交流的基础。当我们与别人交谈时，有的人会带给我们很舒服的感觉，而有的人却会令我们局促不安，甚至让我们感觉不可信赖。这些感觉的产生都是从眼神开始的，而且往往取决于对方注视我们的时间有多长，或者面对我们注视的目光时对方有怎样的反应等。

但是，如果对方在说话时尽量不看你，那么意味着他一开始就不想与你进行深入的交流，并已经决定在不想忍耐的时候立刻说出拒绝你的话。尤其是你们正在商讨一件事时，如果你在征求对方的意见，而他自始至终拒绝跟你进行眼神交流，那么他很可能已经下定了拒绝你的决心。

当然，还有些人是因为性格内向，不善交际，所以说话时也无法将视线集中在对方身上。总之，说话不看人的人，很可能是内心不够自信或已经不耐烦了。与这样的人交往时，我们要尽量避免喋喋不休的重复，尽量抓重点，消除对方的敌意，以便谈话能顺利进行。

诊"聊"室

如果你不确定眼神交流在交谈中的作用，那么请试着回答下面的几个问题。

（1）你认为一场精彩的演讲或辩论最吸引你的除了话语外，还

有什么?

_____

（2）如果一个人在说话时，目光散漫，东张西望，你觉得他的讲话能吸引你吗?

_____

（3）你是否有这样的印象：当对方在说话，而你以赞许的目光看着他时，对方会显得更自信?

_____

（4）你觉得什么样的眼神最能让你感到亲切，并能鼓励你说出自己的心里话?

_____

2. 从微反应看对方是否想开口

当一个陌生人站在你面前时，你如何利用有效的几分钟，甚至几十秒钟的时间，来了解对方的个性特征、兴趣爱好、心理活动等？他有没有与你交谈下去的兴趣？你怎样才能拉近与对方的距离？

大多数时候，我们都是靠第一印象来对他人进行第一次判断的，但完全靠第一印象来了解他人是不全面的，最有效的方法就是注意对方的微反应，即对方在试图掩盖某种情绪时无意识做出的、短暂呈现出来的表情以及一些细微的、不易察觉的肢体动作等。这些微反应不仅能体现出一个人的地位、性格、品质，而且还能流露出对方内心的情绪，所以也成为我们了解对方的关键所在。

一名业务员到一家公司去拜访客户。等他进门就座后，客户一边与他说话，一边往别处看，同时有人在小声讲话。这表明业务员的来访打断了什么重要的事，客户心里惦记着这件事，因此客户在接待业务员时显得有些心不在焉。

这时，这名业务员做出了一个非常明智的举动：他在提出请求后打住了谈话，然后告辞说："您一定很忙，我就不打扰了，过两天我再来！我说的事情，还麻烦您考虑一下！"

这名业务员走后，客户对他既有感激也有内疚："因为自己的事，都没好好跟人家聊聊业务的事。"出于此种心理，客户在处理完自己的事后主动与业务员取得了联系。

这名业务员就很懂得观察对方的微反应。如果他对客户的心不在焉毫不在意，仍然喋喋不休地介绍自己的业务，很可能难以达到目的，甚至引起客户的反感。

言辞、表情、动作等，最能透露一个人的品格和心理。因此你与别人交谈时，也要留心观察，从对方的微反应中洞悉对方是否想开口与你交谈，或是否对你的话感兴趣，然后再决定是继续说下去，还是马上闭嘴。

（1）从谈话的话题洞悉对方的内心世界

人的情绪往往会不自觉地从谈论的话题中呈现出来。话题的种类很多，如果你要弄清对方有没有兴趣与你交谈，或者想从中了解对方的性格、气质、想法等，最容易着手的方法就是从对方的话题中获取更多的信息。

例如，经常将话题引到自己身上的家庭妇女，说明是典型的家庭主妇。你在与她交流时，如果不停地谈论你的工作、现在的经济状况、你最近看了什么书等，对方很可能会反感，也就不愿意再开口与你交流了。

所以，当对方说话时，你只要做出一副耐性倾听的样子，就可以很容易地赢得对方的好感。

（2）从语言习惯了解对方的性格特点

语言往往能体现出一个人的性格特点，人的深层心理变化也会在不知不觉间反映在说话的措辞上。如果你注意观察和倾听，就能通过对方的话语了解对方的性格，知道与对方聊哪些话题更能引起他们的兴趣和共鸣。

例如，说话喜欢自问自答的人，通常不愿意采取他人的任何观点，大多较为固执，对自己过于自信。与这样的人聊天，如果你过于想表达自己的观点，可能对方就不会太愿意与你开口聊天。

再如，喜欢采取肯定方式说话的人，能力一般较强，能对谈论的事情迅速得出结论，并能勇敢地表达自己的想法。如果你与他们聊天时表现得过于软弱、无主见，对方可能也会觉得你不是一个很好的聊天对象。

（3）从说话的方式揣摩对方的真实想法

通常来说，一个人的感情或意见都会通过他的说话方式表现出来，只要仔细揣摩，即使是弦外之音，也能从他说话的口吻中一点点透露出来。

例如，说话的语速快慢就能展现出一个人的心态。如果对某人持有敌意态度时，许多人说话速度都会变得迟缓；如果有愧于心或说谎时，说话的速度自然就会快起来。

所以，当你在与别人说话，而你们的意见相左时，如果对方提高音调，表示他想压倒你。此时如果你还想继续与他聊下去的话，不妨暂时顺服他的意见。否则，他可能很难再愿意与你继续沟通下去了。

（4）通过对方的面部表情来了解对方的情绪

人的心理活动非常微妙，但这种微妙的心理变化也往往能从面部表情里流露出来。如果遇到高兴的事，脸颊的肌肉会很松弛；相反，一旦遇到悲哀的状况，自然就会愁眉紧蹙。

例如，如果对方看起来面色凝重、眉头紧锁，那么你与他谈论一些快乐的事，可能很难引起他的共鸣，因为此时他正心情不爽，根本没有心思开口与你谈天说地。

相反，如果对方面色愉悦，表情轻松，你与对方聊一些愉快的话题，而且又是他感兴趣的话题时，对方往往会很愿意与你畅聊下去。

诊"聊"室

你认为微反应在交流中的作用有多大？试着回答下面的问题.

（1）你是如何理解"微反应"这个词的？

_____

（2）在聊天或交谈时，你会经常注意对方的一些微表情、微反应吗？

_____

（3）那么，你自己在讲话、表达感受时，会使用一些非语言，如眼神、手势等吗？

_____

（4）如果对方面色凝重，表情严肃，你认为与对方谈论一些有趣的事，能引起对方的兴趣吗？

_____

（5）来到一个新环境后，对那些陌生人的名字和他们的特点，你能很快记住吗？还是根本不在意？

_____

（6）如果别人对你的提问漫不经心，你是否会有一种被忽略或被轻视的感觉？

_____

3. 不要说你想说的，要说对方想听的

如果有人问你："你会聊天吗？"你一定觉得这个问题很好笑，聊天谁不会？但在现实生活中，还真有很多不会聊天、不会说话的人。当然，我们说的"不会说话"的人指的是说出来的话别人不爱听、不想听的人。

人与人之间的交往离不开语言。列宁说："语言是一种极其重要的人类交际手段。语言在大多数情况下能调节人们的行为，激发美的情绪。"关于语言，应用最多的就是说话、聊天，一个说话缺乏艺术、不会说话的人，往往是很难赢得良好的人际关系的。

曾经有这样一个故事，讲的就是关于说话方面的事情。

有一天，某药房里来了一位男士，十分痛苦地用手捂着牙床的位置，询问营业员是否有治疗牙疼的速效药。营业员找出一种药后告诉男士，这是癌症和术后患者止疼的特效药，还一再强调治疗癌痛效果很好。男士听后勃然大怒："有你这么卖药的吗？我是牙疼，又不是癌痛，你向我推荐这种药是在诅咒我吗？"说完，男士愤然离开了药房，当然也没买药。

中国有句俗话叫做："一句话说得让人跳，一句话说得让人笑。"同样的语言，表达方式不同，结果也会大不一样。这位营业员反复强调治疗癌痛，就犯了人们的大忌。虽然她可能也很同情男士的痛苦，出于好意，认为治疗癌痛的都是特效药，对牙痛效果好，她也不过是说了自己想说的。但是，她想说的却不是对方想听的，即使说的是实话，也要讲究技巧才行。

所以，说话一定要分清场合、对象，要看对方想听什么，而不是你想说什么，只有懂得语言的艺术，才能娴熟地使用语言。

（1）寻找与对方情感上的共鸣，多说对方感兴趣的话题

人们常说："要想讨母亲的欢心，莫过于赞扬她的孩子。"这就说明：你如果想赢得对方的好感，就要在说话时找到与对方情感上的共鸣。

例如，对方对时尚的话题感兴趣，你就与他探讨时尚；对方是个麻将迷，你说话时多采谈麻将肯定能引起他的共鸣；对方是个很幽默的人，喜欢说幽默的话，那么你的话若充满幽默感，定然能赢得对方的好感，更能拉近双方的距离。

（2）了解对方的真实需要后再开口

说话、聊天的目的除了表达自己的想法外，更重要的是促进彼此间的沟通，拉近彼此的距离。所以，在日常生活中，你不要想到什么就说什么，为了说而说，而是要把话说到对方的心里。

怎样才能把话说到对方的心里呢？毫无疑问，就是说对方想听的话，按照对方的需要说话，这样对方才更爱听你的话，也更愿意与你聊下去。例如，同事加薪了，扬扬得意，你可以适当给予赞美；朋友结婚了，满脸的幸福，你要表示羡慕和祝福……这些都能让你的话成为金玉良言，不仅别人爱听，自己也会很有成就感。

（3）即使批评别人，也要换一种委婉的方式表达

当别人犯了错，你想批评或劝解对方时，不要鲁莽直言，而应采用迂回或抽象的词汇，用一种委婉的方式来表达你的观点，这样既给对方留了面子，又能让对方乐于接受。

例如，当别人把事情办砸时，你不要这样说："你怎么这么没用，连这

点儿小事都办不好！"而应该这样说："处理简单的事，反而更容易出错，这几乎是每个人的通病，你也不要耿耿于怀，以后多注意就好了。"

这样的表达方式相信更能让人接受，也更能起到语言该起到的作用。批评人，也要让对方听得进去才行，否则你的批评就变成了指责，对方不仅听不进去，还可能对你产生反感。

（4）说话要看准时机、分清场合，让每一句话都发挥作用

在不同的时机和不同的交际场所，即便同样的话，也要采取与之相应的表达方式，否则就可能达不到交流、沟通的目的。

例如，当有熟人和陌生人同时在场时，你说话就要多注意，说话不要太随便，否则对你不了解的人很可能认为你口无遮拦，说话不得体。

在一些正式的场合里，如会场上，说话应严肃认真，不能信口胡言，更不能随便开一些"有伤大雅"的玩笑，引起别人的反感。当然，在非正式场合，说话就自由多了，可以像平时唠家常一样，不仅便于感情交流，还能谈深、谈透。

总之，要想在社交中成为受欢迎的人，说话时就要看时间、分场合，这样说出的话才能发挥作用，让别人更爱听，而你也才能更快地赢得对方的好感，与对方建立融洽的关系。

诊"聊"室

如果你不确定自己说的话是不是对方想听的，就来回答一下下面的几个问题吧。

（1）你在说话时，是否会有意注视别人的眼睛，或者观察对方的表情？

（2）在你想批评或劝说别人时，会很严厉、很直接地说出来吗？在这种情况下，在你看来，对方愿意接受吗？

_____

（3）你在劝服他人时，会经常使用第几人称？

_____

（4）聊天时，你是否会避免使用那些陈词滥调和缺乏热情的问候，而代之以幽默、令人愉悦的话语？

_____

（5）你会不会在没弄清事情原委的情况下，就贸然给别人提意见或建议？

_____

4. 站在别人的角度说话

无论在职场还是在生活中，我们经常会遇到一些说话、做事非常霸道的人，他们的言语或表现仿佛在告诉你：我们说的、做的就是正确的，不允许你提出任何意见或不满。

其实很多人都习惯将自己的想法、意见强加给别人，总觉得自己的观点最正确。有时即使出发点是好的，但不能站在对方的角度说话，甚至还根据自己的想法对别人强加指责，这样的方式都难以让人接受。

在人际交往中，善解人意的人总能受到大多数人的欢迎，因为他们能设身处地地为别人考虑，能站在别人的角度说话，体谅别人，这样的说话方式会让别人感到友爱和温暖，所以也更容易赢得别人的好感。

某精密仪器厂生产某项新产品，将其部分部件委托给一家小工厂制造。当小工厂将零件的半成品送到仪器厂后被告知：这批产品全都不符合该厂的要求。仪器厂负责人要求小工厂立即重新制造，而小工厂的负责人认为他们完全是按照仪器厂的要求制造产品的，所以不会重新制造，双方僵持起来。

仪器厂厂长在问明原委后，便对小工厂负责人说："我想这件事完全是由于我们公司方面的设计不周所致，还令你们吃了亏，实在抱歉。今天幸好你们帮忙，才让我们发现竟然有这样的缺点。只是事到如今，工作还是要完成的，你们不妨将仪器制造得更完美些，这样对你我双方都是有好处的。"小工厂感觉对方很为自己考虑，而且己方也有责任，因此听完仪器厂厂长的话后，欣然应允。

也许你会说："站在别人的角度说话做事，说起来容易，做起来哪有那么简单啊！"不错，做起来的确不容易，但也不是不可能。真正会说话的人，会很善于努力地站在别人的角度思考问题，当然他们也不是一开始就能做到，而是从一次次说话中总结经验，不断让自己养成这样的习惯。因此只要你有足够的耐心，知道在听人说话时能设身处地地为别人考虑，有深刻的体会自然就能理解别人。这样一来，和谐相处就不是一件困难的事了。

（1）想他人所想，给他人所需

在说话时，最能吸引对方关注的，无疑是那些有关对方切身利益的话题，与对方谈论或提出你的建议，会迅速抓住对方心理。如果你的建议够好，对方更会对你心悦诚服。

有一次，相声演员姜昆到广州演出，记者纷纷前去采访，姜昆都一一拒绝了。这时，一位女记者再次敲响了他的房门，说："姜昆同志，我是个相声迷，非常喜爱您的表演，可我想跟您谈谈您演出时的一些要特别注意的细节问题。"

姜昆一听，这位记者是为自己演出更完美而来的，就十分热情地招待了她。这位记者也就获得了关于姜昆的独家新闻。

这位女记者就是站在姜昆的角度，给姜昆传达一个这样的信息："我来是为了让你的表演更精彩的"，简直让人拍手叫绝。

在面对不同的说话对象时，你要提前揣测对方最关心的话题，从对方最关心的角度出发，说对方最需要的话。在说话一开始就触动对方心理，你就能事半功倍，更好地与对方畅聊。

（2）说话时，让对方产生一种"你很尊重我"的感受

每个人都有获得别人的尊重和重视的心理，既然如此，你在说话时不妨

巧妙地利用人的这种心理，让对方产生被尊重的感觉，站在对方的立场上思考问题，这样对方也会愿意与你交谈。

比如在拜访别人时，客套话后，应先问对方："不知我能打扰您多长时间？"如果对方很忙，可先问他："能不能给我15分钟的时间？"这样问，对方就会感到自己很受尊重，谈话也就能融洽、顺利地进行了。每个人都想让别人觉得自己很忙、地位很重要，因此你必须表现出"占用你的宝贵时间"的态度，让对方觉得"你很尊重我"而得到满足。只要对方满足，你的谈话即使拖长一些，对方也不会显示出不满。

（3）不要轻易让"你错了"说出口

我们在与别人聊天时，既需要热情的赞美，也需要中肯的批评。批评是为了帮助对方认识错误，改正错误，而不是要制服对方或将对方一棒子打死，更不是为了拿对方出气或显示自己的威风。

所以，即便对方犯了错，我们在说话时也要多注意，不要轻易让"你错了"说出口，尤其不要强迫对方当面承认错误，而应采取一种委婉的方式，巧妙地暗示对方错在哪里，应该如何改正。例如，对方把一份很重要的文件打错了，你想批评对方，但直接批评会很伤人，不妨这样对对方说："我知道你这次不是故意的，下次再细心一些就好了，毕竟弄错了是件很麻烦的事。"这样说，对方既感激你的体谅，又会对自己的错误感到内疚，以后工作也一定更用心。

美国汽车大王福特曾说过："如果说成功有秘诀的话，那就是站在对方的立场上认识和思考问题。"这也告诉我们：要让你说的话受人欢迎，令听话者顺耳顺心，不仅要注意说话的方式和口吻，更要站在对方的角度，体察对方此刻的心境，考虑对方可能的感受。只有这样，你才能真正做到"良言一句三冬暖"，从而使你赢得他人的喜爱。

诊"聊"室

如果你拿不准自己能否站在对方的角度说话，那么可以试着回答以下问题。

（1）你认为善解人意的人是不是更容易交到朋友？

_____

（2）在朋友或同事眼中，你是个喜欢挑刺的人吗？

_____

（3）在批评别人时，你是否会毫无顾忌，甚至认为只有这样，对方才能对你的话印象深刻？

_____

（4）回想一下，你的好意是否曾被别人拒绝或误解过？当时你的感受是什么样的？

_____

（5）如果朋友说了一句包含有常识性错误的话，你是否会嘲笑他很无知？

_____

（6）在聊天时，当你的朋友处于窘境时，你愿意站出来为他解围吗？

_____

5. 用沉默引起关注

沉默是一种特殊的语言，具有其独特的价值。在人际交往的过程中，在某些情况下，恰到好处的沉默往往比口若悬河更能引起别人的关注。这就是人们常说的"雄辩是银，沉默是金"。只要我们因时因地，适当把握、运用它，沉默也能成为一种有效的表达方式，而且效果有时甚至会超过直言抢白，具有特殊的语言意义。

林肯和道格拉斯当年为争取一个进入参议院的名额，进行了多次辩论。在这轮著名的辩论接近尾声之际，似乎所有的迹象都显示出道格拉斯的胜利，但林肯却始终没有放弃努力。在他最后一次的演说刚讲到一半时，他突然停顿下来，默默地站了一分钟，两眼深情地望着他面前那些半是朋友半是旁观者的群众的面孔，然后又以他那独特的单调声音说道："朋友们，不管是道格拉斯法官或我自己被选入美国参议院，那都是无关紧要的，我们今天向你们提出的这个重大问题才是最重要的，远胜于任何个人的利益和任何人的政治前途。朋友们……"

说到这儿，林肯又停了下来，沉默了足足10秒钟。听众们也改变了先前的态度，开始屏息以待，唯恐漏掉了一个字。"即使道格拉斯法官和我自己的那根可怜、脆弱、无用的舌头已安息在坟墓中时，这个问题仍将继续存在……"

最终林肯在辩论中巧用沉默，一举扭转败势，为他顺利进入参议院奠定了坚实的基础。

过去，心理学家常常认为我们应该把自己所想的事情都说出来，告诉别人，但现在人们逐渐发现，在与别人交往中，有时沉默比语言更能引起人们的注意。因为沉默不是无奈，也不是软弱，而是一种内在的抗争，能起到有声语言无法起到的作用。它让对方无法了解到你的真实想法，反之，你却可以探测对方的动机，逐步掌握说话的主动权。

（1）用沉默表达你对某些话题的不感兴趣

在与别人交谈时，如果对方一直口若悬河地讲，而你对他的话题根本不感兴趣，不想继续与他聊下去，此时不妨选择沉默是金，以一种沉默无语的方式来达到提醒对方的目的，也就是在提醒对方，你对他所说的话题一点都不感兴趣，他最好能换个话题或者干脆离开。

但在这样做的时候，一定要注意礼貌，切不可表现得太过火了，伤害对方的自尊，这样你就会失去一个朋友，实在是件不值得的事。

（2）沉默是处理分歧、避免争吵的最好方法

有时候，适度的沉默是一种积极的忍让，旨在息事宁人。在交往中，由于每个人的生活阅历、学识水平、社会地位等不同，看问题的角度和思维方式也难免会有差异。然而，在一些无关紧要的问题上的细小分歧，三缄其口、洗耳恭听、颔首微笑也是一种有效的处理方法。否则，你们双方彼此各持己见，互不相让，只会让双方都不愉快。

采取适度的沉默态度，撤出争论，既表现出自己的宽容胸怀，又有利于促使对方冷静下来，缓和、缓解矛盾，避免事态失去控制。而且，适度沉默还能及时让自己避免处于被攻击的境地，在对付一个特别矫情的谈话对手时更加有效。

（3）沉默可以表明你的坚定立场

《谈话的艺术》的作者、心理学教授格瑞德·古德罗说："沉默可以调节说话和听讲的节奏。沉默在谈话中的作用就相当于零在数学中的作用，尽管是'零'，却很关键。没有沉默，一切交流都无法进行。"

我们都知道口才好是一种力量，但沉默更是一种力量，只不过前者的力量是向外的，后者的力量是向内的，前者更宽泛、飘忽，后者更深沉、有力。

沉默是表达你的立场的很好方法，也是应对不公待遇的一种无声抵抗，它可以让你的对手不敢对你轻举妄动。而言多必失，只会让你的底线被对方一览无余。门前的石狮子是沉默的，多少年都不会听见它发出一点声音，但每个从它面前经过的人，都会由衷地感到敬畏。这就是沉默的力量。

当然，沉默虽然可贵，也不能走极端，一句话也不说，那么交谈、聊天就成了"独角戏"。只有懂得何时该说话，何时该沉默，才能更好地处理人际关系及遇到的各种问题。

诊"聊"室

如果你不确定沉默在交谈中的作用，请回答以下几个问题。

（1）在你看来，聊天遇到话不投机的人时，该如何表达你的不满或厌烦情绪？

_____

（2）你认为沉默在人际交往过程中代表着什么？

_____

（3）你觉得经常沉默的人，都是不善言谈，只能听着别人说话的人吗？

_____

（4）有人说："沉默的口才是真正可怕的口才。"你认可这句话吗？为什么？

_____

（5）在交谈时，如果一个你不算熟识的人常常沉默不语，但一直关注着你与别人的谈话，你会不会因为他的不善言辞而轻视他？

_____

说到心坎里，一句顶万句

1. 说话点到为止

大部分人都有自尊，也有很多人爱面子，所以，说话不仅要留有余地，而且还要留有面子，要根据一定的环境、一定的对象说话，点到为止。《礼记》中有这样几句话："不失足于人，不失色于人，不失口于人。"

古人云："山不在高，有仙则名；水不在深，有龙则灵。"说话也要如此，话不在多，点到就行。现代人的观念里，时间就是金钱，在快节奏的生活和工作中，没有人愿意花大量的时间去听你长篇大论，这就要求说话者做到言简意赅，一针见血地把话直接说到心坎里。

美国前总统华盛顿在 1793 年的就职演说只有 150 个字左右；林肯著名的葛提斯堡演说只有 10 个句子。尤其是林肯的演说词，仅仅用了 600 余字，并且他从上台到下台的时间还不到 3 分钟，但却赢得了 15000 名听众经久不息的掌声，当时，这次演讲一下子就轰动了全国。

当时报纸评论说："像这样篇幅短小精悍的演说真是一种无价之宝，感情深厚，思想集中，措辞精练，而且字字句句都说得朴实、优雅，行文又很完美，完全出乎人们的意料。"

所以，他的手稿被收藏于国会图书馆之中，他的演说辞也被铸成了金文，放置在牛津大学。人们还把他的演说作为英语演说的一个经典的范例。

1984 年，新当选的法国总理洛朗·法比尤斯发表就职演说，内容更是短得出奇。他的演说词中只有这样两句话："新政府的任务是国家现代化，团结法国人民。为此，要求大家保持平静的心态，拿出最大的决心。谢谢大家。"

这篇演讲言辞委婉，内容精练，真可谓"独出心裁"。有人这样描述道："还没等人们醒悟过来，新总理已转身回办公室去了。"

这个事例告诉大家，说话要说到点子上，不要用一大段的对白来表达仅仅一句话或几个字的意思，这样与人交流，只会让对方加速厌烦。

语言是人与人之间沟通的桥梁，是传播信息的工具，如果你想让对方真真切切地明白自己的意思，就要把话说透，且不烦琐，直接说到点子上。话贵精不贵多，说得多不一定说得好。会说话的人，善于掌握语言精巧之道，利用精妙的语言轻松将自己推向成功。

那么，怎样才能把话说到点子上呢？

（1）不断把你的话"抽脂减肥"，做到主题鲜明、重点突出

有时候，聊天交谈并不在于时间的长短，短小精悍的交谈内容反而更具有艺术魅力。

研究发现，大多数的人在听报告或演讲时，精力集中的时间长度大约为30分钟，而且最佳的状态也只有前15分钟。所以，从生理角度来讲，在你发表讲话时，最好能把时间控制在30分钟以内。

要做到这一点，首先我们就要做到"忍痛割爱"，大刀阔斧地删除你的话里那些没用的冗言赘句，也就是把"臃肿"的说辞"抽脂减肥"，力求做到主题鲜明、重点突出而且言简意赅，最大限度地提高话语中的信息量。

高尔基曾经说过："简洁的语言中隐藏着最伟大的哲理。"所以，我们在交谈、聊天时也要学会运用精短、明快的语言，让自己的话语给别人留下深刻的印象。

（2）说话最好留三分，给对方以充分的思考空间

俗语说："说话莫说过头话，话到嘴边留三分。"这种"留三分"的说

话境界，并不是见了别人不敢说话，或者别人说错时不敢指出，刻意隐瞒自己对某一事件的看法，而是摒弃那种阿谀奉承的迎合态度。

"点到为止"这种表达方式，通过七分话语外延出的三分张力，把十分的话语空间充斥满，这样既能表达出你所要表达的本意，又能给对方以充分的思考空间。说话留有余地，这也能最大幅度地提高我们的人际关系处理能力。

从相反的角度来讲，如果说话不讲究分寸，想说什么说什么，想说多少说多少，其后果可能会超出你的控制范围。俗话说得好："一句话说得让人跳，一句话说得惹人笑！"说话难就难在掌握"火候"上，如果你想做一个交际场上的说话高手，就应该懂得把握好说话的"火候"。人们常说："言多必失。"意思就是说，如果一个人总是滔滔不绝地讲话，说多了，话里自然地会暴露出很多问题，引起他人的不快甚至厌恶。

（3）好话不在多，能表达正确的含义就行

话语的分量不在于说得很长、很多，而在于恰到好处，适可而止。一匙糖掺多了水反而寡淡无味，闪光的思想被连篇废话包裹，也会黯淡无光。古语云："言不在多，达意则灵。"说话要语不凡，字字珠玑，简练有力，才能使人兴味倍增；冗词赘语，语绪唠叨，不得要领，必然令人生厌。

"浓绿万枝红一点，动人春色不需多。"言语以精炼为本，简要是才智之魂。要想在说话时简洁明快，在说话之前就要深思熟虑，把一些没用的废话、套话省略了，精心提炼每一句话乃至每一个字。只有这样，才能让说出来的话字字珠玑，掷地有声，对方也会觉得你是个干脆利落之人，并愿意与你交往共事。

诊"聊"室

如果你不确定自己是不是一个说话啰唆的人，请回答下面几个问题。

（1）你觉得自己是个说话爱得罪人的人吗？

_____

（2）在朋友眼中，你是个容易相处的人吗？

_____

（3）你在说话时，是否能避免一些价值判断的短语或句子，诸如"你应该"、"你必须"等？

_____

（4）回想一下，你是否在自己说得头头是道时，却无情地驳掉了别人的面子，伤了别人的自尊心？

_____

（5）你在聊天时会不会很喜欢解释某种现象，并轻率地断言，借此表现自己是个内行人？

_____

2. 制造幽默之后不再附送"赠品"

幽默是一门语言艺术，在语言中能起到深入浅出的作用。而且在不改变原意的情况下，幽默还能让语言变得高雅含蓄、富有情趣。幽默的话语不仅能带给人们欢笑，更主要的是可以使人们在欢笑声中顿悟出其中的含义和哲理。

幽默是人际交往的润滑剂，有了它，我们的沟通就会更加顺利，人际关系也能更加和谐。所以有人说，幽默是生活的调味料，能让我们的生活变得有滋有味。

但是，任何"调味料"都是不可滥用的，就好比用盐，用得适当能让菜味鲜美，但用得太多，就会令人难以下咽。我们在沟通交流中也是一样，使用幽默切忌滥用，用多了照样会影响你说话的效果，甚至你所附带的"赠品"还让人难以接受，交流效果也会适得其反。

有个女孩，人很聪明，心地也好，说话也挺幽默，可就是有时幽默过了头，一不留神就把人给得罪了。

有一次，大家在一起聊天，一个挺丰满的同事说："杂志上说，其实我们每个人的身体真正需要的营养比实际摄入的都要少很多，发胖在很大程度上是因为没管住自己的嘴巴。"这个女孩听后，本来想幽默一下，结果说道："是啊，这文章标题应该叫'活该你胖'，谁让你吃那么多！"丰满的同事一听，当即就变了脸色，扭身走了。以后，这个同事见了这个女孩，都是爱搭不理的。

虽然这个女孩在跟同事聊天时也没恶意，只是开玩笑而已，但因为没有把握好分寸和尺度，引起了同事的不满，正所谓"说者无心，听者有意"，有时你即便是想幽默地赞美对方几句，也可能因为幽默附带了"赠品"，这个"赠品"不小心冲撞了对方，所以引起对方的反感，甚至还可能招来怨恨。

因此，在人际交往时，适当幽默很有好处，但一定要注意幽默的尺度，不可失了分寸。

那么，在幽默交谈时应如何拿捏尺度、分寸呢?

（1）幽默不要附带可能会伤害别人的"赠品"

恰当的幽默能促进交谈的顺利进行，但幽默一定要保持态度友善，不能伤害别人，尤其是不能拿别人忌讳的事来制造幽默，这会严重伤害别人的自尊和人格。

成功的社交往往源于对他人的尊重，也许有些人不如你口齿伶俐，表面上你的幽默可能占上风，活跃了聊天气氛，但对方一定会认为你不够尊重人，以后也不会愿意再与你继续交往了。

运用幽默时，最好能先了解对方的情况，不要犯了对方的忌讳。否则，本来活跃气氛的话语就变成了伤人的恶言，实在是得不偿失。

（2）幽默也要放在合适的场合运用才有效

俗话说，"到什么山头唱什么歌"，幽默亦是如此。在合适的场合幽默，巧妙地利用场合氛围，可以让交谈的意图、内容与场合气氛协调一致，便于对方理解和接受。如果不分场合地幽默、说笑话，不但不能调节气氛，反而令人反感。

例如，在气氛比较严肃的场合，你的幽默就会让人觉得不合时宜，不仅不能让别人感到好笑，还可能让人觉得你说话没有分寸。

所以，在日常生活中，幽默一定要注意场合。在一些比较轻松、愉悦或私人聚会等场合，可以适当说点轻松幽默的话题，调节气氛；而在一些重要的约会、洽谈生意等场合，最好收一收你的幽默感，留到合适的场合运用吧。

（3）幽默也要分对象，不能见谁都想幽默

在我们身边，通常最容易发挥幽默的对象是同事、朋友及家人等。平时在聊天时，跟这些人说些幽默的话语，开几句无伤大雅的玩笑，可以让心情放松、气氛融洽，幽默的内容也可不受约束。

但是，如果与你谈话或聊天的对方地位比较高，那么你在说话时就要有所顾虑了，不能贸然幽默，说出失礼的话来，引起对方的不快。

还有些人错把肉麻当幽默，不分场合、不分对象地对别人说些肉麻话，自以为很幽默；还有些人则习惯贬抑别人以抬高自己的身价，都是不合适的。像朱德庸的四格漫画《双响炮》、《涩女郎》都以辛辣著称，让人忍不住捧腹大笑，但那样的黑色幽默如果发生在现实生活中，不分对象地运用，就可能令人尴尬，从而对你产生不好的印象。

（4）不要无事生非地故作幽默，让人感到既无聊又无趣

大家都知道，在聊天时适当幽默一下，可以活跃气氛，促进人际关系的和谐，但如果你不懂恰当地运用幽默，反而会适得其反，影响了别人对你的印象。例如，有些人无事生非地故作幽默，就很令人反感。下面这个小故事正好向我们展示了这种情况。

在一家饭店里，一位顾客怒气冲冲地对服务员说："怎么回事？这只鸡的两条腿怎么不一样长？"服务员自以为很幽默地回答说："你又不是和它跳舞，你是要吃它……"顾客本来就不满意，现在一听服务员的话，更加生气了，一场本来可以避免的争吵开始了。

可见，有些场合还是不要随便幽默得好，像上面小故事中的顾客正处于心情不佳时，不得体的幽默就可能激怒对方，恶化彼此的关系。此时，最好还是心平气和地与对方好好说话，让对方的情绪稳定下来，然后再沟通解决问题的方法。这样处理事情的方法、话语等，往往比你的"幽默"更有效。

诊"聊"室

如果你不确定自己的幽默是否用得妥当，来回答一下下面的几个问题。

（1）在周围的朋友或同事眼中，你是个爱开玩笑的人吗？

_____

（2）那么，你的玩笑有时候会不会令人尴尬，甚至认为你伤害了他们的面子？

_____

（3）在开玩笑时，你能根据不同的说话场合和对象来恰当处理吗？抑或认为幽默无需区分场合、对象，都能起到调节气氛的作用？

_____

（4）你会说一些低级庸俗的幽默故事来给朋友们听吗？

_____

（5）当别人跟你说了一句幽默的话后，你觉得根本不好笑，甚至认为他就是在哗众取宠，这时你会怎么应对？

_____

3. 长话短说而非短话长说

莎士比亚说："有的人以为话不讲得长些不显得重要，其实'简洁是智慧的灵魂，冗长是肤浅的藻饰'。"

高尔基也有相似的看法："如果一个人说起话来长篇大论，这就说明他也不甚明了自己在说什么。"

一些说话让人听起来不那么舒服的人，说起话来往往滔滔不绝，一句接着一句，一段接着一段，尽其所能，连气都不喘，显得他非常健谈。听者自然也没有了喘气之机，好像面对一条洪水泛滥的河流，总也望不到尽头。可如果你仔细听他说的话，会发现其实他说的话往往没有层次，缺乏重点，基本就是想起什么说什么，反正话题是多得不得了，话也长得不得了。

现在还有很多人喜欢煲电话粥，一个电话打半个小时甚至几个小时，但不要以为所有人都能跟你如此聊得来，也不要以为所有人都跟你一样这么有"闲"。要知道，在这个时间就是金钱的时代，人们的沟通往往更讲究效率。

大家应该都看过《大话西游》吧？里面的唐僧一出场就说个没完，让人无语得很！冗长的说教，满嘴的陈词滥调，没有自己独特见解的话语，只会引起听者的心烦和厌倦。

这也提醒我们，不论我们与人正式交谈，还是随意聊天，都要注意长话短说，把话说得简洁、精炼，而不是短话长说，说起来没完没了。

马克思的女儿燕妮，有一次曾请教当时德国著名的一位历史学家，问他能否将古今的历史缩写成一本简明的小册子。教授笑着答道："不必。"他说，只需用四句谚语，就能概括古今的历史：一、当"上帝"要某人灭亡的时候，往往先让其有炙人的权势；二、时间就是一个巨大的筛子，最终会淘去一切历史的陈渣；三、蜜蜂盗花，但结果反而使那些花开得更盛，妩媚迷人；四、暗透了便望得见星光。

这位历史学家的话说得非常简短，但句句切中要害。所以你在说话时，最重要的是说出你要谈论的主题，其余的客套话尽量少说或不说，这样你的听众才不会感到心烦意乱。

喜欢短话长说的人，往往喜欢在说话之前先加一个"大帽子"，类似于"古人云"、"孔子曰"之类。这样做的目的，一是在说话之前先把对方镇住，二是想借此显示一下自己的学识渊博。尤其是一些经常开会讲话、做报告的人，更是如此。结果呢？下面的人往往听得哈欠连天。

所以，与人交谈时最好能抓住要点，尽量长话短说，把话说得精炼，让人一听就知道你要说什么，这样才能赢得听众喜欢。

那要如何才能做到长话短说呢？

（1）说话内容要有重点，避免冗长的陈词滥调

即便是轻松的聊天，说话内容也要尽量有重点，不讲空话，也不重复别人已讲过的或众所周知的话，这也是赢得听众的谋略。冗长的说教，满嘴的陈词滥调，没有自己独特见解的说辞，只会让听者越来越失去与你聊天、交谈的兴趣，甚至对你敬而远之。

在一些比较正式的场合，如商业谈判、会场、做报告、演讲等，更要学会抓重点，让自己的话一针见血，少说空话、废话，给人一种简洁、干练的印象，从而吸引听众，使他们迅速地进入主题。相反，冗长繁琐的客套话，只会令听者生厌。

（2）长话短说对你的思维能力是一种很好的锻炼

从说话所要达到的目的来看，无论我们说话的内容有多少，长话短说都

能在一定程度上锻炼我们的快速思维能力，提高行动的敏捷性。而废话多或语气词太多的人，大多是因为思维缓慢或逻辑混乱，所以也容易一句话翻来覆去说个没完。

如果你有类似的问题，那么不妨多锻炼自己，说话时尽量先提炼出重点，然后再一条一条往外说。这样不仅能让你的话语显得更有逻辑，还能提高你的思维能力。

说话的质量和说话的数量并不成比例关系，无论是实话、真话还是感人的话，说多了都会让人感到寡淡无味。我们语言聊天，是为了让别人领会、听明白，并取得对方的合作或认同，而不是把语言变成一种催眠术，去解决听众失眠的问题。所以，简洁、精炼的话往往更能引起对方的好感。

当然，长话短说也必须针对特定的对象。假如对方与你刚刚相识，你一上来就直奔主题，势必让人感到唐突，效果也不会发挥到最佳状态。

（3）言简意赅，直奔主题，才更能引起对方的共鸣

好口才的表现之一，就是能高效地完成自己的讲话，让自己的语言简洁精练，在最短的时间内让对方明白你所要表达的意思。

但要注意的是，简洁也要从实际效果出发，简得适当，恰到好处，而不是为了简而简，以简代精。倘若在讲话中硬是掐头去尾，那么只能让别人不知你所云为何，听得一头雾水。因此，讲话简洁应以精炼为前提。尤其是对于职场中的人们来说，每天都在想着如何实现高效的沟通，更应注意说话时的言简意赅，若能恰如其分地直奔主题，更会大大提升你的讲话效果。

要做到言简意赅、主题鲜明，首先注意不要就对方不感兴趣的话题说个没完。沟通是一个互动的过程，不是你想说什么就说什么，而是在了解对方的想法之后，再决定自己该说什么。如果你说个没完没了，还觉得自己说得又简洁又简练，对方却不知道你说了什么，这样的话就失去了沟通的意义。

其次，还要用对方熟悉的语言来表达，否则就会产生大量的误解，造成沟通中的障碍，让谈话无法顺利进行下去。

诊"聊"室

你是个说话缺乏重点的人吗？来回答下面几个问题，了解一下自己。

（1）你认为自己是个做事干脆利落的人吗？在你的朋友或同事看来呢？

_____

（2）遇到一件麻烦事时，你能不能进行快速思维和敏捷行动，而不是拖拖拉拉，一件事要想半天？例如在打电话时，你是否打来打去也说不清楚事情？

_____

（3）在你的身边，你认为谁说话啰唆，没有逻辑，缺乏表达能力？

_____

（4）在叙述一件事情时，你是如何快速提炼出事情的主题，并把它快速地表达出来的？你认为自己表达得够准确吗？

_____

（5）为了改正自己的说话问题，提高口才能力，你是否愿意多与他人交流，并从中学习别人的说话优势？

_____

4. 微笑是叩开心灵之门的第二语言

无论你在什么地方，无论你在做什么，人与人之间一个简单的微笑都是一种通用的沟通语言。无论在生活中还是在工作中，微笑都闪耀着迷人的魅力，让你的人际关系更加和谐、融洽。

卡耐基曾鼓励学员们花一星期的时间，每天24小时都对别人微笑，然后回到班上来，谈谈所得到的结果。下面是学员史坦哈的心得：

"我已经结婚10年了，在这期间，从早上起床到我上班，我很少对我太太笑。现在，当我坐下来吃早餐的时候，我以'早安，亲爱的'跟我太太打招呼，同时对她微笑，她被搞糊涂了，惊讶不已。我笑着对她说，今后我要把这种态度看成通常的事情，她高兴得像个小姑娘。连续一个星期下来，我觉得我们家的幸福比以前10年的还多。"

"现在，我会对办公大楼的电梯管理员微笑着说一声'早安'，我微笑着同大楼门口的警卫打招呼，我对地铁站的出纳员微笑，我会对那些来公司办事的不认识的客户微笑。他们也都冲着我微笑，还说我变成了一个快乐的人……"

微笑是一种含义深远的身体语言，仿佛是在说："你好，朋友！我愿意和你真诚地交往，我和你在一起感觉非常愉快。"

微笑是最好的交流工具，当年零售业巨头沃尔玛的"三米微笑"原则让其收获了巨大的成功。沃尔玛的山姆鼓励职员们说：我希望你们能保证，在离顾客三米之内时，用眼睛跟顾客取得交流，并微笑着问：你需要什么帮助吗？今天的沃尔玛拥有如此的成就和地位可以说与"三米微笑"原则是分不开的。

可见，微笑是消除人与人之间隔阂、促进人际关系的最好润滑剂。学会了微笑，你的社交也更容易成功，你也更容易赢得别人的好感。

（1）微笑是叩开对方心灵的敲门砖

在与人初次打交道时，由于双方彼此不熟悉，对方必然会对你产生戒备心理，有意识地提防着你，紧闭自己的心灵之门。这往往不利于你的交际，有时甚至连很容易达成共识的问题也出现分歧。

相反，如果你与对方一见面就主动展露自己的微笑，那么对方也会不自觉地把心灵之门打开，觉得你是个很容易沟通的人，为你们后面的畅谈奠定基础。

一家发行量很大的杂志社主编，名片上除了姓名和联系方式，没有任何头衔，只印有一行字：你微笑，世界也微笑。每当他递出自己的名片时，都能看到对方会心的微笑。

可见，微笑是叩开对方心灵之门的敲门砖。用好了这块敲门砖，你就能快速赢得别人的好感，获得成功的社交。

（2）微笑让你在人际交往中更受欢迎

微笑，是人类传达亲和态度的表情。只有在我们心情好的时候，我们才会经常微笑；而只有会微笑的人，才能在人际交往中受到欢迎。

如果你稍加注意，就会发现，当别人冲你微笑时，你会产生一种被赞美和被认同的感觉，因此，你也能马上对对方产生好感，愿意与对方进一步交往。同样，别人也拥有和你一样的感受。没有人愿意和冷着脸的人深交，甚至连打个招呼都避之不及。

当你在微笑时，你的精神状态也最为轻松，全身的肌肉都处于松弛状态，而且，你的心理状态也相对稳定。当你那充满笑意的眼光与别人的目光接触时，你的笑意也会通过这道"无形的眼桥"传递给对方，让对方被你的快乐情绪所感染。自然而然地，你们彼此之间的气氛就会变得和谐，接下来的交流也变得更加容易。

美国密歇根大学心理学教授说："面带微笑的人通常对处理事务、教导学生或者销售行为，都显得更有效，也更能培养快乐的孩子。笑容比皱眉头所传达的信息要多得多。"所以，微笑，能让我们的沟通变得更加顺畅。

（3）微笑也是可以培养出来的

成功者都是那些"倾洒阳光"的人。如果你能时刻以微笑面对他人，自然也能获得他人的好感。如果你在人际交往中不善于运用微笑，或者不知道如何微笑才更合适，那么不妨学学下面的小窍门。

微笑的时候，眼睛也要"微笑"，否则给人的感觉只能是更糟糕的"皮笑肉不笑"。"一条缝的眼睛"当然是大笑时的结果，但至少正常状况下应该让眼睛微眯，这样会令你的微笑看起来更传神、更亲切。在微笑的同时，可以说些"您好"、"是啊"、"嗯"、"我同意"等礼貌用语，会让你显得更有亲和力。

另外，微笑也要与正确的身体语言相结合，才会相得益彰。也就是说，你绝不应该在微笑的时候还表现出一种消极的身体语言，如动作懒散，站没站相、坐没坐相，一副吊儿郎当的样子。这会让你的微笑看起来很假，难以赢得他人的好感。

（4）微笑也要选择合适的时机、场合，同时还要得体、适度

虽然微笑能促进社交的顺利进行，但也要选择合适的时机、场合和话题

等。在愉悦的场合下，在轻松的气氛中，应该笑。然而在探视病人、承认错误、参加追悼会时，如果你还嘻嘻哈哈，一副见谁都自来熟的样子，就显得不合时宜了，会被大家所嫌恶。

同时，微笑也要得体适度。笑的时候要自然大方，扭扭捏捏、龇牙咧嘴的笑都会让人感觉不舒服。在交谈中，如果你能根据交谈的内容和情形自如地收放笑容，必要时再配合目光交流和手势、动作等，会让你的表现更出色。

微笑还要发自内心，皮笑肉不笑的微笑会在很大程度上降低你的亲和力。最有感染力、最具魅力的笑是露出八颗牙齿的笑容。如果你不知道怎样微笑，最行之有效的办法就是在镜子面前经常练习，假以时日，你的微笑一定会打动周围的人。

诊"聊"室

如果你不清楚微笑在人际交往中的作用，来回答以下问题。

（1）如果有个面色凝重、盛气凌人的人与一个面带微笑、轻松友好的人同时与你接触，你更愿意与哪位交往？

_____

（2）当你向别人展现出自己真诚的微笑时，你有没有注意到对方的表情或对你的态度？

_____

（3）在你的朋友或同事眼中，你是个不苟言笑的人吗？他们对你的这一特点持什么态度？

_____

（4）有人说，微笑可以直接反映出人的内在精神状态，你认可这句话吗？

_____

（5）为了获得良好的人际关系，你是否特意练习过如何让自己的微笑更真诚、更动人？

_____

5. 不要随便发表意见

俗话说："病从口入，祸从口出"。口若悬河虽然能说明你的口才不错，但是，如果不注意时机、场合地发表自己的意见，不该自己说的时候却说个没完，必然会给自己带来麻烦。要知道，人与人之间相处交往，最忌讳交浅言深。一旦说了别人不爱听的话，或者抢了别人的风头，很容易得罪人，引起对方的不满，影响你的正常交往。《三国演义》中的杨修，就是一个典型的因为口无遮拦、随便发表意见而丧命的例子。

杨修生性机敏，但却不懂得言多必失的道理，凡事都想发表自己的见解。

有一次，曹操在他很爱吃的酥点盒上写了"一合酥"三个字。杨修见了，说道："这是一人一口酥的意思呀，是丞相让我们把点心分着吃了。"众人见他说得有道理，就把酥点分着吃了。事后，曹操心中十分不快，恐怕日后难以驾驭杨修，便开始对他提防起来。

曹操出兵汉中进攻刘备时，被困在斜谷界口。进攻，苦于被马超防守；收兵，又怕被蜀军耻笑。正在曹操犹豫不决时，夏侯惇入帐，禀请夜间口号。曹操随口答道："鸡肋！鸡肋！"夏侯惇不知道"鸡肋"是什么意思，但又不敢问，只有传令众官兵"鸡肋"。

时任行军主簿的杨修听到"鸡肋"二字，便告诉随行的军士收拾行装，准备归程。夏侯惇不明白杨修的用意，杨修解释说："通过今天的号令就知道，魏王不久后就要退兵回朝了。鸡肋，如果吃，没有肉；扔了，又有点可惜。现在进攻也不能得胜，班师回朝又怕被人耻笑，在这里也没什么用处，不如早点回去，所以现在就先收拾行装，免得临行慌乱。"

曹操知道这个情况后，非常生气，遂以"扰乱军心"的罪名将杨修斩首了。

杨修就是因为总是随便发表自己的意见，说了不该说的话，才导致自己丢了性命。当然，现在我们不会因为一句话就丢了性命，但却可能影响人际关系的顺利进行。

说话是人际沟通的重要内容，也是我们待人接物的工具。为了适应环境的需要，你就得随时研究说话的艺术，融会贯通才行。同时，要把握好倾听的技巧，绝不在未听懂他人意图之前随便开口说话，更不可带有情绪去评论别人，甚至揭别人的底。

具体来说，该如何控制自己的说话方式，不至于因为随便发表意见而得罪人呢？

（1）谨言慎行，学会做一个听众而不是"是非人"

如果你刚到一个新的环境中，里面的人都对你表示友善而欢迎的态度，大家一起谈天说地，有说有笑，无所不谈。但其中一人可能跟你很谈得来，乐意将他了解的一些问题及每位到场者的性格告诉你。你本来对这些人并不熟识，自然也很珍惜这位"知无不言，言无不尽"的知音，彼此谈得相当投机。

这时，你也会慢慢开始戒除自己的防卫，看到什么不顺眼、不服气的事，可能就会与这位"知音"诉说，甚至批评其他人的不当之处。如果对方永远是你的忠心支持者，问题自然不大。但如果你对对方了解也不多，那么可能"来说是非者，便是是非人"。为图一时之快，你说了一些不该说的话，如果对方把你曾批评其他人的话公之于众，那时你在这个小圈子中还能立足吗？

所以，在不了解周围环境及人的情况下，最好先做个忠实的听众，多听听大家都在说什么，然后不妨找一些比较中性的话题跟大家聊聊，同时注意，不要发表过多你自己的显得有些偏激的意见。

谨言慎行，勿交浅言深，勿论人是非，对他人的抱怨保持缄默的态度，别人便无法从你这里抓到任何可以攻击的话柄，更不会窥视你的内心，参透你的思想。而低调的你也因此可以从他人的是非争论中解脱出来，他人也更不会把攻击的矛头指向你。

（2）对自己不懂的事情不随便发表意见

有的人喜欢说话的程度简直到了痴迷的地步，自己懂的一定要说，自己不懂的也要抢着发表意见，结果闹出了很多笑话。要知道，一个人不可能什么事都懂，对于自己不懂的，就应该多虚心向别人请教，而不是不懂装懂，惹人反感。

对一些事情不懂，即便你不说话，别人也不知道你懂不懂，这样也不会对你产生轻视。而如果对自己不懂的事也要发表意见，难免漏洞百出，让别人看出你的浅薄，别人还可能因为你的不懂装懂而对你产生负面看法。尤其是一些初入社会的年轻人，在这方面更要多修炼。"知之为知之，不知为不知，是知也"，不要把自己的浅薄暴露在别人面前，这才是赢得欢迎的好方法。

（3）把握好发表自己意见的关键时机

孔子在《论语·季氏》里说："言未及之而言谓之躁，言及之而不言谓之隐，不见颜色而言谓之瞽。"这句话的意思是说："不该说话的时候说了，叫做急躁；应该说话的时候却不说，叫做隐瞒；不看对方的脸色变化，贸然信口开河，叫做闭着眼睛说瞎话。"

这里讲的三种说话方式，其实都是指没有掌握好说话的时机。与人沟通、交往的过程中，最重要的就是双方的愉快交流，这就需要交流的双方彼此都要注意说话的策略与技巧，千万不要因为说错话而失去交谈的机会。

所以，如果你想就某事发表一下自己的意见，也一定要注意分寸，说话前仔细思考一下，弄清什么时候该说哪句话，什么时候绝对不能说哪句话。说话与做菜一样，都是非常讲究"火候"的。恰到好处时，一句话即可道出语中意。

所以，要会说话、说好话，就不要因为自己的话语不当而毁掉自己的人脉。

诊"聊"室

如果你不能把握好自己说话的分寸，可以试着回答下面几个问题。

（1）别人在说话时，你能做到耐心倾听，并能快速提炼出他话中的要点吗？

_____

（2）你认为自己有意见、有话说时，就要马上说出来，对吗？

_____

（3）要是你对别人的某个话题感到不耐烦时，你会马上将话题转移到自己感兴趣的方面去吗？

_____

（4）当你的话被别人打断，并插进来另一个话题时，你会怎么处理？

_____

6. 没理不搅三分，有理也要让人

人们常说："有理走遍天下，无理寸步难行"。这句话本来就是一句至理名言，但至理名言向前迈一步，就成了谬误。有些人曲解了这句话的意思，好像得理就一定要走遍天下，得理就一定要理直气壮，得理就一定不能让人，甚至可以无所顾忌。其实，"理直"也应该"气和"。在人际交往中，没理时不能胡乱搅局；即便有理，也不能得理不让人，而应该得理也要宽容大度，让别人三分。

在我们的现实生活中，有不少冲突都源于一方或双方纠缠不清或得理不让人，一定要小事大闹，争个胜负，结果矛盾越闹越大，事情越搞越僵，对彼此的关系都没有好处。此时，如果能"得理让人"，大度一点、宽容一点，往往是一种更有效的处事方式。

有一次，美国总统柯立芝批评他的女秘书说："你这件衣服很漂亮，你真是一个迷人的小姐。只是我希望你打印文件时注意一下标点符号，让你打的文件像你一样可爱。"女秘书对这次批评印象非常深刻，从此打印文件也很少出错。

身为美国总统，柯立芝可算是当时世界上最有权势的人之一了，而说话能如此委婉、客气，正是他好修养、好气度的体现。假如他换一种盛气凌人的口吻呵斥秘书："你是怎么搞的！连标点符号都搞不清楚，亏你还是XX大学毕业的！"这样的训斥只能让对方感到反感，达不到纠正对方的目的。

说话是一门艺术。所谓"良言一句三冬暖，恶语伤人六月寒"，说的正是这个道理。在我们身边有很多人，甚至包括我们自己，有时说话的立足点和出发点是好的，但由于不注意说话艺术，可能会导致无谓的误解和争端。我们应该明白，与我们交往的不一定都是度量不凡的超人，更不是修炼到家的圣人，他们都是感情丰富的常人，甚至是充满偏见、傲慢和虚荣的怪人。超人和圣人可以虚怀若谷地接受别人的批评，但常人不能，怪人更不能。此时，如果你得理不饶人，恐怕最终的结果只能是伤人伤己。

（1）得理也要学会饶人，这样才能避免争吵或纠纷

除了玩笑之外，有一种说话方式最伤人，那就是咄咄逼人的得理不饶人。经常这样说话的人，通常口气都很生硬，嘴上功夫厉害得不得了，在生活或工作中，也经常习惯性地发挥他们的辩才，直到把他人辩得哑口无言、脸红脖子粗还不会放过。而这样的人，也是最容易得罪人的。在生活中，不论他自己有理没理，一旦开口说话，就绝不会认输，而且也不会输，因为他有本事抓住你语言上的一丝丝漏洞，然后驳得你猝不及防，更无招架之力。在谈判桌上、辩论会上，这种人也许是个人才，但在日常的生活与工作中，这种人反而容易引发争吵或纠纷，原因就出在他的"得理不饶人"上。

做人该方的时候要方，该圆的时候要圆，在很多事上都要做到"得饶人处且饶人"，即使是知道自己的话、自己的观点是正确的，在说服他人的时候，也要力保对方的面子，并以此为切入点，让别人接受自己的观点。而他人也会以其宽容、明智接纳你，并愿意与你成为朋友，从而让自己的社交之路越走越宽。

（2）成全别人的好胜心，会让别人更加喜欢你

每个人都或多或少地有一点好胜心，如果你能明白这一点，在合适的时

候，适当成全一些别人的好胜心，那么会让别人对你更有好感。要做到这一点也很容易，只要你偶尔暴露一些自己身上无关紧要的小毛病就可以了。

例如，在说到某个话题时，你在明明很了解的情况下，故意说错一些小细节，给别人纠正的机会，并对别人的纠正给出非常谦虚的认可态度，那么对方会马上对你产生好感，并愿意就此与你讨论，以展示他的博学。如果你愿意做个谦虚的倾听者，那么你与对方也一定能愉快地畅聊下去。

错误的做法就是：当别人在某些小细节上说错时，你当众指出或批评他，而且是以一副得理不让人的态度，这是很难赢得人心的，对方也会因为你没有给他留面子而对你产生反感。

所以，即便你真理在握，也要尽量不声不响，让自己显得谦虚、低调平和，颇具君子风度。这样，你的周围也能形成一种天然的向心力，让更多的人愿意靠近你，与你交往。

（3）换个角度为他人着想，用宽容包容对方

在谈论一件事时，从每个人自己的立场来看，他们也许觉得这样说就是对的。只不过因为每个人都坚持自己的想法或意见，无法将心比心、设身处地地去考虑对方的感受，所以也不能站在对方的立场去为他人着想，冲突与争执也容易就此产生。

在人际交往中，如果我们能将心胸放宽一些，拥有一颗善解人意的心，凡事都以"他这样说也许是对的"的观点，来先为别人考虑，那么很多不必要的冲突与争执就能够避免。

例如，当你被别人误会或受到别人指责时，如果你反复解释或还击，结果可能是越描越黑。相反，如果你换个角度来想，站在对方的角度来想，或许觉得对方说得也有一定的道理。此时，我们大可不必非要争个高低胜负，不妨宽容一点，装装糊涂，将大事化小、小事化了，一场纠纷或许也就避免了。

诊 "聊" 室

你想知道自己在处理矛盾时是怎么样的吗？试着回答下面几个问题。

（1）在你的朋友或同事眼中，你是个善辩的人吗？

_____

（2）对于一些没什么大不了的事，你与别人的意见出现了分歧，你会怎么做？是据理力争，坚持自己的观点，还是愿意做个"和事佬"，附和对方的观点？

_____

（3）听到有人说你的坏话，你通常会如何处理？

_____

（4）不小心与人发生了争吵，你会怎么做？是先发制人，挑衅对方，还是更愿意息事宁人？

_____

（5）当你为别人做了好事后，你最期望得到的是什么？

_____

（6）如果别人在某些地方比你优秀，你会感到嫉妒吗？

_____

7. 心直口快不一定都是好的

我们常常说某个人说话"心直口快"，不会藏着掖着，很直爽。这是一个人性格直接的表现，但有时如果说话真的"心直口快"，说话不经过大脑，一下就从嘴里说出来了，也不见得是件好事，有时可能会很伤别人的自尊，影响自己的人际交往。

说话是一门语言艺术，如何运用好这门艺术，让自己在人际交往中如鱼得水，是需要一定智慧的。不同的词汇组合，不同的语气，不同的说话方式等，都会产生不同的效果。所以，在与人交谈或聊天时，尽量管好自己的嘴，别说话不经过思考，想起什么说什么。即使真遇到令自己生厌的事，也要三思后再开口，免得引起别人的反感，甚至引发纠纷。

一位非常丰满的妇人走进一家服装店，刚一进去，售货小姐就对她说："大婶，您太胖了，我们这儿没有你能穿的衣服。"

这位妇人正想反驳，那位小姐又加上一句："不过年纪大了，还是胖一点比较好。"

妇人气得已经不知说什么好了，此时，老板娘从后面出来了，这位妇人马上告状："我今天怎么一进店，你们店员就把我说得又老又胖的！"

老板娘很不好意思地赶紧赔不是，可妇人没想到，老板娘的话再一次伤害了她："我们这位店员是从乡下来的，特别不会说话，总是把真话直接说出来。"听到老板娘的这句话，妇人简直快气晕了，本来还打算挑件衣服的，结果转身就离开了。

显然，售货员和老板娘都有一说一、有二说二的人，说话过于直接。虽然是在说实话，但这样的说话方式肯定刺伤了妇人的自尊。在某些特定的场合下，说话太直，不仅伤害到别人，还给自己招来了麻烦，影响了生意。

我们身边也经常有这样的人，说话直来直去，口无遮拦。虽然这是一种好的品行，不拐弯抹角，但有时却让我们感到很无奈，毕竟直爽也得分时候、看场合。

因此，有些话不要直说，想要表达自己的感想或不满时，可以旁敲侧击，迂回曲折地说，采用委婉的方式表达出来。

（1）迂回曲折地说，采用委婉的方式表达出来

在社会交往中，人与人之间的关系是一种很微妙的"化学反应"，一句不中听的话就可能让关系恶化。由于多方面原因所限，你不能保证你想的或说的都对，而且听者的接受能力也不同。有些人即使表面上接受，内心深处也许并不认可。即使小部分人能容忍你的"造次"，但他们更喜欢婉转的提醒。因为你的直言否定了他的智慧和判断力，让他的荣耀和自尊心受到了伤害，让他在别人面前下不了台。一旦遇到小肚鸡肠的人，下次可能会找机会与你明争暗斗，损害你的形象和声誉。

可见，不分青红皂白、不讲究方式方法的直言快语，往往带来不良后果。所以，说话时还是要三思而后"说"，千万别让直来直去的话伤人伤己。如果你能把不宜直言的话题，旁敲侧击，绕个弯儿说出来，效果可能更好。这样既不会伤害别人，也可以表达自己的心中所想，不致有违心之言，比起说得太直接更容易达到说话的目的。

（2）说话毫无禁忌不是直爽，是不懂说话的艺术

有些人快言快语，有什么说什么，如果大家都是在一个熟悉的环境里，

彼此比较了解，知道这是他的个性，可能也不会计较。但若在陌生的环境中，周围的人也都不熟悉，再不分场合地点、不分谈话对象地一律口对着心，心里想什么就说什么，这是非常不可取的。

要知道，直爽并不等于言语毫无顾忌。那些因说话只图一时之快而得罪人的人，问题就出在方法上。比如你想批评别人，虽然你心地坦白，毫无恶意，但因为没有考虑到场合，也没有考虑到对方的感受，就直接说出来，很容易让被批评者下不了台，面子上过不去，对你产生反感。

在这种情况下，你不妨讲究点说话的艺术，对对方的缺点稍加暗示，让对方自己去领会，给对方留下回旋的余地，这样的做法也更具吸引力和说服力。委婉的语言体现了一个人驾驭语言的能力，不仅是一种策略，更是一门艺术。

（3）运用恰当的幽默来提醒对方的不当之处

在工作和生活中，我们经常会对别人的观点或某些做法不认可，这时可能需要给对方提一些意见。如果你理直气壮地直接把意见提出来，对方可能会感到不满，甚至认为你是刻意给他难堪，从而不认同你的看法，觉得你是个狂妄自大的人。你本来一片好心，对方反而误解了。

既然如此，我们不妨换种方式。比如，运用适当的幽默来提醒对方，将你的意见融入到幽默之中。幽默是人际关系的润滑剂，当你对对方的做法不满时，可以利用幽默来向对方表达一下自己心目中的意见，这样，大家心照不宣，心里也不会出现什么隔阂，不仅发表了自己的看法，也给对方留了面子。如此巧妙地解决问题，比直来直去的效果好得多。

（4）温言委婉地暗示，才能给人留下回旋余地

说话直来直去自然算不上是坏事，但有时直言快语就如同一把利剑一样，

既伤别人的面子，也伤害别人的自尊心。要知道，每个人都喜欢听美酒一样的良言。既然如此，遇到一些必须讲却难以启齿或明确知道直接说出来会引起对方反感、难过的话，不妨多个心眼儿，用温言委婉的说法加以暗示，给对方留下回旋的余地，既不伤害对方，又能让自己的话语更有吸引力、说服力和感染力。

而且，委婉地说话往往也能体现一个人驾驭语言的能力，这不仅是一种策略，更是一门艺术。用好了，就能让你好、我好、大家都好。

诊"聊"室

如果你不确定自己是不是一个心直口快的人，试着回答以下问题。

（1）你通常会怎样向朋友或同事提出意见或建议？是直截了当地说，还是委婉含蓄地说？

_____

（2）假如你是一名时装店的销售员，遇到一位有大肚腩的顾客，你会怎么说？

_____

（3）你的朋友或同事是否认为你经常会在无意中说些让他们感到忌讳的话？

_____

（4）当你听到一个有趣的故事后，你会迫不及待地向别人转述吗？

_____

（5）当别人毫不顾忌你的面子，直截了当地指出你的错误或缺点时，你的感受是什么？

_____

（6）如果一件事的真相可能会给他人造成伤害，你还会直接说出来吗？

_____

8. 正话反说，直击人心

在人际交往中，我们常常需要通过讲道理来说服别人。学会在合适的时候说合适的话，就是要学会察言观色、把握时机，根据不同的对象、不同的场合，说恰如其分的话。有些话如果直接说出来，可能会令对方难以接受。为避免尴尬，你不妨正话反说，让自己说出来的意思与本意完全相反，让听者自己去领悟，这样反过来说的话可能会将原本很困难的事情变得容易很多，而且也不至于引起对方的不快。

战国时期，齐景公手下有一个机智的大臣名叫晏子，他尤其擅长通过正话反说的方式向对方传递自己的信息，从而达到操纵他人心理的目的。

有一次，一个人得罪了齐景公。齐景公盛怒之下命人把这个罪人绑起来，并召来武士，准备把这个人处以肢解之刑。为了防止别人干预他的杀人举动，他甚至下令："有敢于劝谏者，也定斩不误。"文武百官谁也不敢上前自讨杀头之冤。

晏子见状，便急忙上前说："让我先试第一刀。"众人都觉得十分奇怪：相国平时是从不亲手杀生的，今天这是怎么了？只见晏子左手抓着犯人的头，右手磨着刀，突然仰面向坐在一旁的齐景公问道："古代贤明的君主要肢解人，大王知道从哪里开始下刀吗？"

齐景公听了这话，突然醒悟过来，意识到自己的过错，于是连忙释放了犯人。

这个故事告诉我们：正话反说可以放大荒谬，让人更加明白地了解荒谬的真面目，从而达到更好的劝谏效果，让对方在不自觉之中领悟到自己行为的不妥，从而扭转错误的局面。

所以，当你在与别人说话、聊天，遇到要劝解或说服对方时，不妨也试试这一说话的技巧。

（1）遇到难接口的话题时，不妨让自己的舌头转个弯再说

与人交往时，难免会遇到一些让人为难的话题，对方希望你能支持他的意见，可你对对方的意见又不认可。在这种情况下，如果你直言相告，可能会引起对方的不快，进而影响接下来的沟通和交流。

此时，最好的方法就是让自己的舌头在嘴里转个弯再讲，把要正面表达的观点，用反面的话语表达出来，而且还要点到为止。例如，对方说抽烟有很多好处，如解乏、解忧、排遣寂寞等，至于健康问题，影响不大。你不认可这种观点，但直接反对，可能显得过于生硬，这时你不妨给对方讲个小故事：据说有一则宣传戒烟的公益广告是这样说的——抽烟有四大好处：一省布料：因为吸烟易患肺痨，导致驼背，身体萎缩；二可防贼：抽烟的人常患气管炎，通宵咳嗽不止，贼以为主人没睡，就不敢行窃；三可防蚊：浓烈的烟雾熏得蚊子受不了，只得远远地避开；四永葆青春：不等年老便已去世。

对方听了这段话，立刻就能理解你的观点了，同时还会因为你的幽默诙谐而对你刮目相看，在一种比较舒坦的氛围中欣然接受你所传达出来的信息，而你也达到了比直言陈说更为有效的说服、沟通的目的。

（2）正话反说，更容易让人接受

正话反说是一种实际的意思跟表面的意思正好相反的说话方法。当我们做了让对方感到不愉快的事情时，巧妙地运用正话反说，可能会收到更好的效果。

有一个顽童，大年三十那天，一大早便出门找伙伴玩。不大一会儿，他发现自己头上崭新的帽子丢了，于是心惊胆战地跑回家，跟妈妈"汇报"情况。

要是在平时，妈妈一定会大声斥责孩子，可想到今天过年，不能骂孩子，于是就强忍着怒火没发出来。这时，来家里串门的邻居王叔叔听了，就笑着说："娃娃的帽子丢了，这是好事呀，这不正好意味着'出头'了吗？今年你一定走好运，有好日子过啦！"

一句话，说得孩子的妈妈转怒为喜，并附和着说："对，对，娃娃从此出头了！"

从此，邻居王叔叔的形象一下子在人们心目中加分了许多。

邻居的一句话，收到了很好的效果。如果当时邻居直接说过年怎么能丢帽子呢？丢帽子可不好等不吉利的话，孩子的妈妈肯定更生气了。而邻居反而说丢帽子是"出头"了，一句话立刻就避免了尴尬局面的发生。

（3）正话反说地运用幽默，说话效果更明显

在与别人面对面交流中，我们也可以适当运用一些正话反说的幽默技巧，让自己的说话效果不但更明显，还能化解很多尴尬。

有一次，英国前首相丘吉尔为了参加一场演讲，超速开车，以致被一名年轻警员给拦住了。

"我是丘吉尔首相。"丘吉尔不慌不忙地说。

"乱说，你一定是个冒牌货！"警官这么一说之后，要求丘吉尔首相接受惩罚。

结果，丘吉尔说："你猜对了！我就是冒牌货！"

这么一来，警官马上面露微笑，放过了这位世界著名的伟人。

丘吉尔在一本正经地表明自己身份的时候，被警官怀疑。然后，他就换了一种方式，正话反说，这样反而让警官摸不清虚实，使得警官只好抱着一

种"宁可信其有，不可信其无"的心态放过了他。

当我们需要表达内心的不满时，也可以使用正话反说的幽默技巧，让别人听起来更顺耳一些。

（4）正话反说也要注意场合，做到恰如其分

在客客气气的社交场合中，直话直说是致命伤。别误会，这不是在鼓励你说谎，而是说讲话是一门高深的艺术。一个人只有注意说话时的环境，将正话反说做到恰如其分，才能取得良好的说话效果。如果不看场合，胡乱说反话，很可能会碰钉子，惹人反感。

心理学家告诉我们，在不同的场合环境中，人们对他人的话语有不同的感受、理解，并表现出不同的心理承受能力。正因为受特定场合心理的制约，有些话在某些特定环境中说比较好，但在另外的场合中说未必佳；同样的一句话，在这里说和在那里说效果就不一样。

比如，在商务谈判过程中，本来你应该直接表达你的观点，可你绕来绕去，想要展现自己正话反说的口才艺术，结果可能让对方听得云里雾里，不知所云，自然也难以准确地领会你的意思。这对接下来的谈判不但不利，反而还让对方反感，觉得你故意卖弄，不懂谈判技巧等。

说什么，怎么说，何时说，一定要顾及说话的环境。唯有巧妙地利用语境，做到恰如其分，才能让你的话语达到你想要的效果。

诊"聊"室

如果你不清楚社交中的说话策略和技巧，请回答以下几个问题。

（1）在聊天或交谈时，你会经常顺着对方来说话吗？

（2）如果希望对方接受你的建议，你会用很强硬的语气来要求对方接受吗？

_____

（3）你在说话时，有时会用一些比较模糊的暗示来表达你的意思或感受吗？

_____

（4）如果你与对方的交谈陷入尴尬，你通常会用什么方式化解这种尴尬？

_____

（5）在你的朋友或同事看来，你是个幽默有趣、思维敏捷的人吗？你自己认为呢？

_____

9. 说话不能太绝，时刻为自己留有余地

但凡社交老手，都懂得"逢人只说三分话"这一社交原则，把话说得太绝不是一种好习惯，因为人说话留有空间，便不会因为话说得过满而出现控制不住局面的情况，让自己下不了台。

在我们身边，经常有些人因为话说得太绝而影响了社交关系，这就犹如将杯中倒满了水，再倒就会溢出来；也像气球中已吹满了气，再吹气球就会爆炸一样。当然，有时将话说得很绝也能达到自己的目的，但事情总可能有意外，不可能每次都如愿以偿，一旦发生意外，就可能使情况出现变故，而这些意外往往不是我们所能掌控的，最后可能只能由我们自己来承担这个后果。

在一列列车上，一位推销员不停地推销自己的产品：一种螺旋状的袜子。为了表明这种袜子的透气性，推销员随手拿起一只袜子，说："来帮帮忙，拿住袜子一端，使劲儿拉。"说着，他就和一位顾客对拉起来，袜子的韧性的确很好。接着，他又拿起一根长长的针，在拉得绷直的袜子上来回划动，袜子也没有损伤。推销员就说："大家看，这种袜子不易抽丝。"紧接着，他又拿起打火机，在袜子下面快速晃动，火苗穿过袜子，而袜子也未受到损伤。

在他的一番介绍后，袜子在顾客手中传看。一位顾客有意地拿起针，只轻轻一划，就在袜子上划了个洞。原来，袜子如果顺着纹理划就不易划破，并不是根本划不破。另一位顾客见状，又用打火机烧，急得推销员赶忙补充说："袜子并不是烧不着，我只是证明

它的透气性好。"

最后，大家终于明白了怎么回事，袜子的质量虽然很好，但推销员说话太夸张的态度，还是明显影响了顾客的消费情绪。

把话说得太绝对，不留余地，结果成功还好，一旦失败，自己就会陷入难堪的境地，甚至会为此付出沉重的代价。

因此，与其拍胸脯、打包票地把话说绝，还不如改变一下说话的方式，多用一些模棱两可、不确定的话语，这样反而会给自己留下余地。正如杯中留有空间，就不会因为加入一滴水而溢出；气球留有空间，就不会因为吹入一丝空气而发生爆炸。我们说话时懂得留有空间，才不会因为"意外"事件的发生让自己下不了台。

那么，怎样才能避免将话说得太绝对呢？

（1）用一些不确定的词语，降低对方的期望值

在与人交谈时，即使我们对某件事有绝对的把握，也不要把话说得太绝对，因为绝对的东西更容易引起他人的挑剔。而如果对方真有意挑剔，找你的麻烦，你可能还真逃不掉，毕竟再完美的事情都会有瑕疵存在。

与其给别人一个挑刺的借口，不如自己把话说得委婉一点，不但不给对方留下话柄，还让我们有广阔的空间与对方周旋。

很多政要、新闻发言人在接受记者采访时，都偏爱用"诸如"、"尽量"、"或许"、"研究"、"评估"、"征询各方面意见"等不肯定的字眼。之所以如此，是因为他们能给自己留出一点空间好容纳"意外"，否则一下子把话说绝了，结果事与愿违，会让自己很难堪。

所以，我们在说话时，也可以适当使用一些类似的不确定词语，降低对方对你的期望值。这样即使你的话不能实现，也不至于让对方对你太过失望，认为你吹牛、不谦虚、说大话；而如果能出色地完成任务，对方还会感到意

外惊喜，对你刮目相看。

（2）把话说得圆润些，给自己留出回旋的余地

在生活当中，我们不能让某件事沿着某个特定的方向发展到极端，而应该在发展的过程中认识到有多种可能的存在，以便自己能有足够的回旋余地，采取机动的应对措施。

交谈、聊天中也是如此，如果我们为了某个目的与别人交谈，那么话就要尽量说得圆润一些，不能太直、太绝对，也不能过早下结论，更不能口出狂言、恶言，不轻易说"势不两立"之类的话。如果你能把话说得尽量圆润些，比如用一些幽默的言语，站在对方的角度，为对方着想，说出来的话也能让对方感觉到你的真诚、可靠、可信，同时还给自己和他人留了余地，顺利地达到我们交谈的目的。

（3）逢人只说三分话，留下七分自己赏

俗话说："逢人只说三分话，留下七分自己赏。"有些人也许以为：大丈夫做事、说话就要光明磊落，事无不可对人言，何必只说三分话呢？

而一些社交场上的高手，在与人交谈时的确只说三分话，时刻都会为自己留条后路。可能你认为他们很狡猾，不诚实，其实这是一种非常高超的社交方法。

孔子说："不得其人而言，谓之失言。"对方倘若不是深相知的人，你也畅所欲言，以快一时，对方的反应会如何呢？要么反感，认为你是个不谦虚之人；要么从中挑刺，给你难堪。

有生活经验的人，通常只说三分话，不是不可以说，而是不需要说、不必说、不应该说。这与"事无不可对人言"没有什么冲突。只说三分话，留下七分自己慢慢揣摩、欣赏才是明智之举。

说话前还要看对方是什么人。如果对方不是可以尽言的人，你说三分真话，已经不少了。说多了，对人对己可能都没什么好处。彼此关系浅薄，你与之深谈，显出你缺少修养；你说的话涉及对方的事，你不是他的诤友，只会显出你的冒昧；你说的话属于国家大事，却又没搞清对方的立场，高谈阔论只能招灾惹祸。

总之，人际交往中最大的智慧就在于懂得给自己留点余地，说话要有弹性，做事得有分寸，凡事都要有灵活的安排，让进退的空间变得更大。如果能做到这点，你也就不会被自己沉重的负担压得喘不过气来，活得也就更轻松了。

诊"聊"室

如果你不确定自己说话是不是会得罪人，那么请试着回答以下几个问题。

（1）你在说话前通常会"三思而后说"，考虑清楚再说，还是想到什么就说什么，直言不讳？

_____

（2）当听说某人做错事时，你会过早下评断，比如说出"这个人完蛋了"、"这个人一辈子没出息"之类的话吗？

_____

（3）当一些你不太熟悉的人对你倾诉他的生平遭遇以求同情时，你是否觉得不自在？

_____

（4）在答应别人的事情时，你会经常用"我保证"，还是"我尽量"、"我试试看"等字眼？

_____

（5）遇到可气的事就怒不可遏，你是否会一下子把心里的话全说出来，这样才感觉痛快呢？

_____

10. 把想说的话提炼成点

人们最讨厌废话连篇、半天说不到点子上的人，相信你也如此。话语简练，言简意赅，不说废话，这才能显得说话的人干练。正所谓"言不在多，达意则灵"，我们应用最凝练的话语来表达尽可能丰富的思想和含义。

在当今这个讲求效率的时代，仔细想清楚后，再以从容不迫的节奏把你想说的话说出来，用简洁、明快、思路清晰的语言代替那些穿靴戴帽、繁文缛节的空话和套话，尤其在工作和外出办事时，更要有这种说话效率。

有人说话时喜欢引经据典或长篇大论，经常让听者晕头转向，不知所云。事实上，这种说话方式远不及简短的几句关键语更有效果。不要以为简短的讲话很容易，事实上，一番简练、精彩的讲话，所费的脑细胞比那些长篇大论要多得多。因为繁琐的话在说出来时是不经过大脑过滤的，想起来就说，而简练的话却需要认真归纳、精炼，才能达到最佳效果。

有人问美国第28任总统伍德罗·威尔逊："您准备一份十分钟的讲稿，得花多少时间？"

威尔逊回答说："两个星期。"

"准备一份一小时的讲稿呢？"

"一个星期。"

"两小时的讲稿呢？"

"不用准备，马上就可以讲。"

这是什么道理呢？很容易理解，因为要表达同一个意思，你说得越多，压缩内容的任务就越轻，自然所需准备的时间就少了。反之，你话说得越少，还要把意思表达出来，就必然要努力压缩文字，力求将主要内容清晰地传达给听众，这当然要多花时间、大伤脑筋了。

总之，话不在多，说得好才行。简练、准确，才是会说话、说好话的一项重要标准。

（1）多练习，养成说话言简意赅的习惯

不管是多复杂的现象、多深奥的思想，说到底也就是几点经过概括和抽象后的认识。而这些认识就是话语的精华、核心、本质，只要你能抓住它，就能提纲挈领、一通百通。所以，在交谈时，如果你能用极为简明的语言，条理清晰地将自己的观点表达出来，或将对方思想、观点上的实质部分一一揭露，就能收到"片言以居要，一目能传神"的效果。

在一次亚洲大专辩论赛中，中国香港中文大学队与新加坡国立大学队，针对"个人利己主义是社会进步的最重要因素"的辩题进行辩论。新加坡国立大学队为正方，中国香港中文大学队为反方，双方争辩激烈，相持不下。

这时，中国香港中文大学队的一个队员指出："孙中山先生领导辛亥革命，推翻了中国两千多年的封建统治，难道是因为个人功利主义吗？爱迪生发明电灯，造福全人类，难道也是因为个人功利主义吗？"

此话虽然简短，但一针见血、切中要害，具有几乎不可辩驳的威力。

俗话说："秤砣虽小压千斤"，画龙点睛的语句就像秤砣一般，能在关键时刻发挥极为重要的作用。它包含着说话者高度浓缩的思想、感情、智能和力量，所以具有以少胜多、点石成金的特殊作用。

怎样说话才能言简意赅呢？就要靠自己平时多练习，与人交谈时多使用结构较为简单、形式较为短小的句子。日本著名随笔作家山本夏彦曾经说："写文章最后的阶段，要修改成好文章的秘诀是：删减、删减、再删减。"

说话也是一样，也需要我们"去粗取精"。多练习、勤练习，你也能拥有出色的口才能力。

（2）把重点放在对方感兴趣的话题上

在与人交流时，如果你想让对方欣赏你、接纳你，那么首先就要懂得尊重对方，让对方觉得他自己是个重要的人物，满足他的成就感。同时，再选择他感兴趣的话题交流，让对方多表达他的优点和长处，如他的兴趣、他的事业、他的高尔夫积分、他的成功、他的孩子、他的旅行，等等。

在与对方聊这些话题前，要尽量考虑周到，倾听时也要表现出极大的耐心，抱着一种开阔的心胸，表现出你的真诚，同时配合你们彼此交流的话题。

（3）用语凝练，简短的语言也能表达出完整的思想

古语有云："增一字则密，删一字则疏。"由此可见语言简洁的重要性。要把话说得恰到好处，就要让语言尽量精炼、简洁，用最凝练的话语来表达尽可能丰富的思想。

说话时，当你想表达简单的含义时，自然用字简短；而要表达一个比较复杂的含义时，可能就有些难度了。但你也要尽量将冗长复杂的语言结构、内容等，转化成比较简单的短句。在表达时，只要不影响意思的传达和理解，语言形式还是以简短、精练为宜。要达到这个目的，你在说话前就要把自己想说的话在大脑中快速提炼成点，这样在说出来后才不至于过于烦琐、混乱，同时还能做到逻辑清晰，有条有理。

（4）简练的语言也要联系实际，不能生硬地掐头去尾

说话简练，将繁琐的说话内容提炼成点，可以让你的语言变得更精确，说起来更有效率。但也要注意，简练的话语也要从实际效果出发，简得适当，恰到好处，不能一味地为了简练而生硬地掐头去尾，这样很可能会挂一漏万，

达不到你期望中的说话效果。

邹韬奋先生在公祭鲁迅先生的大会上只讲了一句话，这句话是："今天天色不早，我愿用一句话来纪念先生：许多人是不战而屈，鲁迅先生是战而不屈。"这句话可谓短得无法再短，但是语义丰富，令人久久回味。而恩格斯在马克思墓前的演讲长达 15 分钟，却也是世界上公认最好的演讲之一。

由此可见，讲话不论是短是长，都要以恰当为前提，该繁则繁，能简则简。说话时要分场合、看情况，有时需要简练，则惜言如金；有时也需要详述，则娓娓道来。只有掌握好这个规律，你的话才会说得越来越有水平。

诊"聊"室

如果你不确定自己说话是否精炼，请回答以下几个问题。

（1）你是属于哪种性格的人？

_____

（2）你在聊天或交谈时，会不会经常分散注意力，并让别人多次重复说过的话题？

_____

（3）你的朋友或同事当中，是否有人说话时总是不恰当地强调某些与主题风马牛不相及的细枝末节，让你感到厌烦或窘迫？

_____

（4）你周围的人中，有没有人认为你说话时常常含而不露，让他们感到迷惑不解？

_____

（5）当你的朋友告诉你，你说话过于啰唆模糊时，你会积极去改正吗？你打算怎样改正？

_____

P_{art} 7

糟糕的话术让你使人生厌

1. 说话做作令人生厌

"做作"，就是指故意做出某种不自然的表情架势和腔调。它可能是矫枉过正的涂抹脂粉，可能是虚情假意的扭捏作态，也有可能是手法拙劣的东施效颦。

说话做作的人大多是不受欢迎的。这样的人往往当面一套、背后一套。表示歉意时，也是几次三番，没有一次真心实意；表达感谢，一说再说，从来不是发自心底；留人吃饭，热情备至，人家走了，又说"早该离去"。这种待人说话的方式，怎么会有人愿意与之交往呢？

在社交场所，有些"心直口快"，话说得太直、太透的人固然不是很受欢迎，但不可否认的是，比起做作的人，人们还是喜欢与直来直去的人交朋友。因为朋友之间交往讲究的就是不藏着、不掖着，如果说话做事过于矫揉造作，反而给人一种不够真诚的感觉，令人反感。

相反，如果我们在交谈、聊天时态度诚恳，不卑不亢，从心底里尊重对面那个与你交谈的人，那么对方也能感觉到你的真诚，并对你产生好的印象，甚至快速与你成为朋友。

有一次，当孟非被问起场上女嘉宾是否有"作秀"的成分时，孟非巧妙地答道："百分之百有，你让我上去也会一样的。什么叫作秀？就是表演嘛，人在公众场合下呈现出来的自己，你认为都和他自己一个人独处的时候的状态是一样的吗？绝大多数的人在电视上，在公众场合中，就是到一个单位的大会上发言的时候，难道就不想展现出自己最好的一面吗？我觉得只要有这种心理存在，这就是作秀。"

孟飞的这句话肯定地回答出女嘉宾的"作秀"之态后，又给出了另一番巧妙的解释，从正反两面对于记者所指出的"作秀"给予了恰当的论证。这种真实的话语毫无刻意掩饰之态，让人听着十分中意。

但在交往中，我们却经常遇到这样的人：为了给他人留下一个好的印象，让自己的话语里堆满华丽的辞藻，滥用一些专业术语，显得矫揉造作，华而不实；还有些人说话粗鲁不雅，废话连篇，想因此引起别人的关注，某句话可以重复十遍，某件事可以问九次。像这样的人，大多知识面窄，且矫揉造作，通常也难以获得良好的人际关系。

那么，怎样才能让自己在交谈中避免做作，成为一个受欢迎的人呢？

（1）满怀真情才能获得他人的信任

语言可以表现出一个人的个性特征和心理活动。即使是说话比较笨拙的人，只要发自内心真诚地关怀对方，那么其真情也能在话语之间充分流露出来。相反，如果没有发自内心关怀的心情，即使你的语言再华丽，也会被对方看穿。

很多高情商的人，在初次与人交往时往往都会展示出自己的真诚态度，以一副坦然无愧的风度示人，绝不投人所好或故弄玄虚，做出一些弄虚作假的行为，或者说一些空话套话。而且正因为坦诚，他们也很快就会获得别人的信任，并愿意进一步了解他们。

（2）过分的客套便流于庸俗，反而显得矫揉造作

先来听听以下的对话。

"张小姐，您要点咖啡还是红茶？"

"咖啡！谢谢你。"

"明天中午你有空吗？可否赏光到舍下小聚。"

"真抱歉，我刚好有要事，实在不好意思。"

根据以上的对话，你能猜出两人之间是什么关系吗？是刚认识的朋友，还是上司与部下？

答案是：认识长达 3 年之久的情侣。

以上这段话听起来是非常有礼貌的，但给人的感觉却十分生疏。如果你与交往多年的朋友仍然用这么客套的语气说话，那么两人的关系只会"数十年如一日"地在原地踏步。

我们常说，与人交谈必须客客气气的，但过分的客气反而让人不舒服。开始见面时，彼此客套寒暄几句倒不成问题，若继续客套个不停，就显得太做作了。客套话是表示你对对方的恭敬或感激，不是用来敷衍朋友的，所以要适可而止，不要让这种过分的客套话冷漠了彼此的融洽关系。

当然，即便说客套话时，也要语气真诚。像背熟了的成语似的流水般泻出来的客套话，往往最令人讨厌。说话时，态度温雅，不急不躁，更不可表现出急促紧张的情绪，同时还要保持肢体动作的均衡，切不可又是打躬又是作揖，摇头摆身作态来增加你说客气话的表情，这并不是一个令人感到舒适的动作。

（3）用心沟通更有效，率真才见真性情

俗话说："害人之心不可有，防人之心不可无。"人们总是对初次见面的人产生一种防备心理，并不愿对自己不熟悉的人敞开心扉。而能让人敞开心扉的，则是那些交往时间久、让人感到信任的人。这就在于人们与这些人交往时能感受真诚，感觉到彼此心灵的交汇，获得了安全感，从而能够毫无顾忌地说出心里的话，所以交流的效果也比较好。

要想提高沟通的有效性，首先就要打开对方的心。这就需要我们先要敞开心扉，化解对方的防备心理，赢得对方的信任。心与心的交流来自于相互的坦诚，只要你用心沟通，在沟通中展示出你的率真、诚恳，那么无论是熟识已久的老友，还是萍水相逢的路人，都会对你产生好感和信任，了解你为人处世的方式，并愿意与你进行更深入的交流。

诊"聊"室

如果你不确定自己在说话时的风度如何，请认真回答以下问题。

（1）你会在有意无意中说一些谎话吗？

_____

（2）一个很熟悉的人，与你交往时总是过于客套，你会是什么感受？

_____

（3）在你的朋友和同事当中，有没有人说话时总让你感觉不舒畅，却又说不出来哪里不对？

_____

（4）你在说话或发言时，是否注意过别人的表情、动作，或者总结过他们经常向你提出一些什么样的问题？

_____

（5）你的朋友有没有就你说话的问题向你提出过什么建议？

_____

2. 让恭维变得舒服

每个人都喜欢被赞美、被恭维。在我们的现实生活中，多数人都爱听恭维话，讨厌别人赞美自己的人少之又少。即使有，其内心的本意也未必真如此想。

当然，恭维也要恰到好处，才能发挥出最佳效用。只有这样，对方才能从心里感到舒服，并认可你的恭维。如果不能拿捏好度，可能就会流于形式而显得虚伪了。

古时候有两个人，一个叫祝子园，一个叫唐凌，他二人将到京城任官。临行前，两人到老师家中辞别。老师嘱咐他们说："现在时局走正道是行不通的，你们去京城做官，对上应恭谨，这叫送高帽子。能如此，不仅不会得罪人，还容易把任何事情办好。"

唐凌赞叹地说："老师的话实在太好了，今天像老师这样不喜欢高帽子的有几人呢？"老师听完后十分高兴。

回程中，唐凌就对子园说："你看！高帽子又送出去一顶了。"

面对如此高明的恭维之语，老师估计除了陶醉之外，也不得不深深佩服自己学生思维的敏捷。

赞美别人，恭维别人，就是给人"戴高帽"了，这也是人际关系中比较高明的"手段"，而且又于己无害，如此"于人有利、于己无损而有利"的事，你又何乐而不为呢？

但是，恭维也要把握好尺度，尽量说得巧妙，不显山不露水，不露丝毫痕迹，这样被恭维的人才能听得舒坦、自然。

怎样才能做到这一点呢？下面的几个方法或许能给你一些启发。

（1）利用对方的自尊心来达到恭维的目的

人们对自尊心的维护和追求不分时代和地域，甚至可以说，一个丧失自尊心的人等于丧失了人格。所以，你满足了对方的自尊心需求，甚至成功地让其自尊心膨胀，那么对方将很难拒绝你的恭维。

比如，我们在生活中也经常听到这样恭维的话：在求人办事的时候，说"这件事非你不可"，对方听了一定很受用；在指派任务的时候，说"你是唯一能胜任的"，对方的自尊心一定很满足……当一个人的自尊心得到满足时，往往又会不加考虑地付出。这正是我们可以与对方建立良好关系的开始。

（2）恭维也要切合实际，不能为了讨好而言之无物

要想让你的恭维变得有效，就一定要切合实际，切不可为了赞美而言之无物。比如，到朋友家里做客，不切实际地吹嘘主人一场，还不如赞美主人的卧室装饰得别出心裁。要想讨对方喜欢，还不如尽量去发现对方的兴趣爱好加以发挥。这种方式比用一些无谓虚浮的客气话更能达到恭维的效果。另外，也不要说那些不是发自于内心的话。当你认为某时恭维最恰当时，那就恭维他几句，这就是所谓的极好的恭维场合。比如陪客户去钓鱼，正巧客户钓起一条大鱼，你可以就此马上恭维几句："您钓鱼的技术实在是太棒了，我真希望能向您拜师学艺啊！"这样的恭维有根有据，而且确实让对方觉得你是发自内心喜欢、羡慕对方，那么对方埋藏于内心的自尊心也被你的话满足了，对方一定非常受用。

（3）善于寻找易被常人忽略的闪光点进行恭维

恭维虽然能帮你建立良好的沟通关系，但却并不是一件简单的事。戴

尔·卡耐基说："一般说来，如果你不喜欢一个人，有个简单的方法可以消除这种厌恶，那就是寻找别人的优点。而且，你一定会找到一些的。"

因此，一个成功者必须是一个优秀的"发现者"。恭维一个人时，与其恭维他最大、最明显的优点，不如发现他身上那些最不显眼，甚至连他自己也没发现的优点。那些小小的优点，因为从未或很少被人发现也显得更加弥足珍贵。你的发现与恭维也让对方增添了一份对自己的认识，增加了一次重新评估自己的机会，有的人还可能因此得到新的启示而发挥另一方面的特长。同时，你不同凡响的观察力也会得到对方的好感和认可。

（4）恭维也要把握好尺度，懂得适可而止

恭维的尺度掌握得如何，往往直接影响着你恭维对方的效果。恰如其分、不留痕迹、适可而止的恭维，是成功者之秘诀。而使用过多华丽的辞藻，过度的恭维，空洞的奉承，只能让对方感到不舒服、不自在，甚至难堪、肉麻和厌恶，其结果自然也难以对你产生好感。

比如，你对一位字写得还算不错的朋友说："你写的字是全世界最漂亮的！"这种恭维的结果恐怕只能使双方难堪，但如果你这样说："你的字写得真不错，越来越漂亮了！"那么你的朋友一定会感到很高兴，说不定还要介绍一番他练字的经过和经验呢！

当然，恭维的程度不够，恭维"轻"了，也难以达到预期的目的。比如，你对一位长相和气质都很好的女孩说："你的气质比你的长相更好。"你的原意可能是想恭维一下对方的高雅气质，可这样的恭维给女孩的感觉就是：我长得不够漂亮。如此恭维，她能愿意听吗？

恭维虽然能引起对方的好感，但恭维的话也不是越多越好。如果你认为反正恭维的话也不会得罪人，那就大错特错了。恭维的话只能作为你们交谈中的小插曲，切不可喋喋不休，让恭维的话成为你们交谈的主要内容，说多

了，即使再好听、再真诚的话语也会让人厌烦。

诊"聊"室

如果你不确定自己在恭维别人时是否恰当，请回答以下几个问题。

（1）在与朋友一起聚会时，通常会有几个人和你在一起？大家喜欢跟你在一起的原因是什么？

_____

（2）你认为恭维的话能帮你更容易获得别人的好感，或者办成事吗？

_____

（3）当你在恭维别人时，是发自内心的吗？

_____

（4）恭维对方的话，是不是说得越多，对方越高兴？

_____

（5）你认为自己在恭维别人时，能把话说得非常自然亲切吗？

_____

（6）别人如何恭维你，才会让你感到最舒服？

_____

3. 轻易打断别人的谈话是不礼貌的

在任何交谈中，说话者都希望自己的话能获得大家的关注和认可。所以，在别人讲话时，随便打断别人的话，或者中途插话，都是很不礼貌的。如果你经常在别人说话时打断对方或插话进去，一两次别人可能不介意，但久而久之必然会引起对方的反感，甚至使对方感到自己没有得到尊重。

弗·培根曾说过："乱插话者，甚至比发言冗长者更令人生厌。打断别人说话是一种最无礼的行为。"每个人都会情不自禁地想表达自己的愿望，但如果不去了解别人的感受，不分场合与时机地打断别人的话或抢接话头，就会扰乱对方的思路，引起对方不快，有时甚至会产生不必要的误会。

有一天，一个老板正在办公室与几个客户谈生意。谈得差不多的时候，老板的一位老朋友来了。这位朋友进来就说："哇，我刚才在大街上看了一个大热闹……"随后就滔滔不绝地讲开了。老板示意他先不要说，自己正与客户谈事，可他却视而不见，继续说得津津有味。客户见谈生意的话题被搅乱了，只好站起来对老板说："您还是先跟您的朋友谈吧，我们改天再来。"说完就走了。

老板的这位朋友乱插话，搅了老板的一笔大生意，让老板感到非常恼火。

如果一个人正就某个话题讲得兴致勃勃，听者也听得津津有味，而你忽然插进来一嘴："嘿，这是你在昨天看到的事吧？这件事我知道……"说话的人因为你打断了他的话，绝对不会对你产生好感，而听者也可能因为你的不礼貌而反感你的做法。

这种情况在社交活动中并不少见，究其原因，插话者可能也不是有意轻视别人，或是由于性格急躁，或是认为突发了独到的见解而急于表述，但不论是哪种情况，都要等对方的话告一段落，再来表达自己的意见。即使是另外一种情况，对方滔滔不绝，谈话中又没有什么有趣的内容，听得索然无味时，也不要贸然打断，索性耐心听他讲下去。当对方感到你对他所谈的内容失去兴趣时，他的话自然就会停止了。

这样做的目的，主要就是出于礼貌，出于尊重他人。只有你对别人表示出了尊重，才能得到别人的尊重。所以，一个精明而有教养的人，在与人交谈或聊天时，就算是对方长篇大论地喋喋不休，也绝不插嘴，而是耐心地做一个倾听者。

（1）做个善于倾听的人，更容易引起别人的好感

与人谈话聊天，要善于做个倾听的人，这是一种礼貌和尊重，也是引起别人对你的好感的最佳方法之一。只有学会倾听别人的谈话，你才能得到别人的重视。不管自己多么经纶满腹，多么见多识广，多么聪慧贤圣，要赢得良好的人际关系，都要学会洗耳恭听。

在进行心理咨询时，心理医生通常都会尽量做个倾听者，让患者说出自己想说的话，很少会中途打岔。否则，对方倾诉的欲求得不到满足，彼此也就无法建立起亲密的交谈关系，甚至会令双方产生敌对情绪。

（2）如果必须打断对方的讲话，也要注意说话技巧

如果有必要表明你的意见，非要打断对方的讲话不可时，你也必须十分注意自己的说话技巧。不妨首先给对方一点暗示，比如，你要找说话者处理一些事情，就可先向对方打个招呼："很对不起，打断大家一下。"等对方停止交谈时，你再用尽可能简洁的语言说明来意，并且一旦事情处理完毕，立即离开现场，不再过分打扰对方。

在交谈过程中，如果你想补充另一方的谈话，或联想到与谈话有关的情况，想即刻作点说明，这时可以对讲话者说："请允许我插一句"，或者"请允许我再补充一点。"在得到大家的允许后，再说出自己的意见。这样的插话不宜过多，以免扰乱对方的思路。

如果你不同意对方的看法，一般也不要打断对方的谈话。但如果你们比较熟悉，或问题特别重要，你也可以先表示一下态度，待对方说完后再详细阐述。

（3）一定要插入别人的谈话时，也要找准时机

如果你想加入别人的谈话，也不要贸然就插话进去，而应找个适当的机会，礼貌地说："对不起，我可以加入你们的谈话吗？"或者大方客气地打招呼，叫你认识的人互相介绍一下，很快打破彼此生疏的局面。

为了避免不愉快的场面出现，最好不要涉及一些别人不喜欢的话题，如宗教、家庭状况、薪水高低、对他人的批评等话题。

还有，如果你对对方的回答没有兴趣，就不要提出问题，这样对方会看穿你是没话找话，也懒得耐心地回答你。比如这样的问题："你不是很爱看电影吗？告诉我你最近看了什么电影？"这样的问题会让对方觉得自己像个傻瓜。正确的做法是：对自己不懂的话题保持沉默。如果有位同事在办公室大讲核分裂原理，那你不必指望他在 10 分钟内为你上堂高级物理课。如果你愿意，可以继续听下去，也可以悄悄走开，但千万不要对你不感兴趣的话题询问细节，表现得很感兴趣的样子。

诊"聊"室

如果你不确定自己是不是爱打断别人说话，那么试着回答下面的问题。

（1）你在和很多人一起交谈时，会不会经常插上一句话？还是更愿意安静地做个旁听者？

_____

（2）你认为善用言谈能增加别人对你的好感吗？

_____

（3）当感觉别人做事或说话有不对的地方时，你会马上指出或说出来吗？

_____

（4）如果你在做事或说话时，中途被别人打断，并转移了话题，你会怎么做？

_____

（5）问问你的同事或朋友，大家有没有觉得你是个急性子或做事、说话都缺乏耐心的人？

_____

（6）如果你不小心打断了别人的谈话，你是否留意过别人的表情？

_____

4. 说话要自律，不在失意人面前说得意的话

有些人总喜欢在别人面前炫耀自己的得意之事，以为这样就会让朋友高看自己，更加敬佩自己。殊不知，别人并不愿意听你的得意之事。在交谈、聊天中自我炫耀，其沟通效果会适得其反。

尤其在朋友面前，更不要炫耀自己的得意事。如果你不懂自律，不考虑对方的感受，不顾及对方的情绪，只顾炫耀自己，久而久之，对方就会疏远你，你也可能在不知不觉间就失去一个朋友。

一次，几个朋友聚在一个朋友家吃饭聊天，主人把大家聚在一起，主要是想借着热闹的气氛，让一位目前正陷入低潮的朋友心情好一些。

这位朋友不久前因经营不善，关闭了一家公司，妻子也因为不堪生活的压力，正跟他闹离婚。内外交迫，他实在郁闷之极。

来吃饭的朋友都避免去谈与事业有关的事，可其中一位姓吴的朋友因为最近赚了些钱，几杯酒下肚，忍不住就开始谈他的赚钱本领和花钱功夫了，那种得意的神情，连主人都看不下去。而那位失意的朋友更是低头不语，脸色非常难看，一会儿上厕所，一会儿去洗脸，后来干脆起身告辞了。主人送他出去，在巷口，他愤愤地说："老吴会赚钱也不必那么神气地炫耀啊！"

聪明的人都会将自己的得意放在心里，而不是放在嘴上，更不会把它当成炫耀的资本拿出来显摆。面对失意的朋友，得意者与其炫耀自己，不如找个时机，劝慰和鼓励对方，让对方重新振作起来，这才更能显出你的真诚。

而且，自己闭口不谈得意之事，还能维护朋友们的面子。不仅如此，如果你还能将话题集中在对方更关心和得意的事上，那么就更容易赢得对方的好感和认同。

（1）得意时，也不要忘了失意的人

古人常说，人生有四大喜事：久旱逢甘雨，他乡遇故知，洞房花烛夜，金榜题名时。人生总有得意的时候，得意之时，你的满足感和优越感也会让你在得意之中忘了形，在成功之中变得浮躁，在人们的掌声与喝彩中忘了分寸。因此，在与人交往的过程中，也容易暴露出得意之色，说些得意的话，结果很可能引得失意人更加失意，继而对你的炫耀表现产生不满情绪。

聪明的做法是：不管与任何人交谈聊天，都尽量不要主动地、滔滔不绝地谈论自己的得意之事。如果对方问起，你也最好谦虚地回答，否则就可能给别人留下爱虚荣、炫耀的糟糕印象。尤其是与失意人在一起时，更要顾及对方的情绪，否则对方会认为你很不知趣，甚至认为你有幸灾乐祸之嫌，为自己以后的人际交往埋下隐患。

（2）谦虚豁达，才能拥有好人缘

谦虚豁达之人，总是能赢得更多的朋友；而那些妄自尊大、小看别人的人，总是令人反感，最终失去朋友，让自己变成孤家寡人。

所以，为人处世不可过多地炫耀自己，要学会谦虚，学会对自己的事轻描淡写。只有这样，我们才能受到更多人的欢迎。如果你总是在朋友面前炫耀自己的得意，说者无心，听者有意，对方可能会认为你看不起他们，尤其是正处于失意之中的人，更会敏感地认为你是故意针对他，让他难堪。试想一下，他怎么能还愿意继续与你交往呢？

所以，在朋友面前不妨做个谦虚豁达之人，多说别人的好消息、得意事，少炫耀自己，这样才能让自己的人际关系越来越好，朋友越来越多。

（3）变换角度，设身处地地为对方着想

诚然，人在得意之时难免有张扬的欲望，但在谈论你的得意时，要注意场合和对象。你可以在演说的公开场合谈，享受他们投给你的钦羡目光；也可以在你的家人面前谈，让他们以你为荣。千万不要对失意的人谈，因为失意的人最脆弱、最敏感，你的话语在他听来可能句句都充满了嘲讽的味道，让失意的人感受到你是故意奚落他，看不起他。当然也有些人不在乎，你说你的，他听他的，但这么豪放的人不太多。因此，你所谈论的得意事，对大部分失意的人来说都是一种伤害。

要是目前你正春风得意，让你避而不谈你的得意之事可能有些难度，自己感觉忍不住。此时，你不妨换个角度考虑问题，假设你站在对方的角度，你是那个失意人，而对方正处于得意之时，不停地在你面前炫耀吹嘘，试想，你的心情能好受吗？

既然如此，为什么我们不能也照顾一下那些失意人的失落心情呢？

（4）多聊对方得意之事，淡化自己的骄傲情绪

了解别人得意的事，是建立良好的人际关系的基础。比如，你要与一个成功的企业家结交，可以先去了解他曾经取得过什么样辉煌的成就；与一个艺术家结交，可以先了解他曾经在艺术生涯中获得过什么样的奖励，等等。只要你能在与对方的谈话中，有意无意地提到这方面的内容，对方一定会非常高兴的。

那么，我们怎样获知对方有哪些得意的事情呢？

首先，我们可以从对方的人脉圈着手，通过对方的朋友了解这方面的信息；其次，我们可以多与对方接触、交流，从对方的交谈中捕捉信息。每个人都喜欢炫耀自己得意的事，从对方的口中得知的信息，也必然是确定无疑的。

在获得这些信息后，你在与对方聊天时，不妨多谈论这些他引以为豪的事，并尽量淡化自己的得意之处，谦虚地表示你还应该多向对方学习。如此一来，对方不仅会对你的谦虚态度产生好感，还会在内心深处感谢你对他的了解和尊重。

诊"聊"室

假如你不确定自己在说话时是不是比较自律，请试着回答下面几个问题。

（1）你认为自己是个具有自控力的人吗？在说话做事时是否都能很好地约束自己？

_____

（2）在交谈或聊天时，你会经常有意无意地抬高自己，或说一些自己得意的事情，并希望得到大家的羡慕或恭维吗？

_____

（3）朋友遇到了不顺心的事，你会主动去安慰他们吗？你一般会如何安慰他们？

_____

（4）对于一些说话信口开河、满嘴大话的人，你通常会怎样对待他们？

_____

（5）当你发觉自己的话使别人产生反感时，你会怎么化解这种尴尬？

_____

（6）在朋友们看来，你是个会鼓励他人的人吗？

_____

5. 不轻信流言，更不传播流言

"流言在弄堂这种地方，从一扇后门传进另一扇后门，转眼间便全世界皆知了。它们就好像一种无声的电波，在城市的上空交叉穿行；它们还好像是无形的浮云，笼罩着城市，渐渐酿成一场是非的雨。这雨也不是什么倾盆的雨，而是那黄梅天里的雨，虽然不暴烈，却连空气都是湿透的。"女作家王安忆在其极其细腻的笔下，对"流言蜚语"作出了深刻阐释。

有人的地方就会有流言，流言是社会的怪胎，却又无处不在，它把每一个人席卷其中：言者捕风捉影、信口开河；传者人云亦云、添油加醋；闻者半信半疑、真伪难辨；被害者莫名其妙、有口难辩。有些流言只是无关痛痒的小话题，也许只是人们茶余饭后的闲话，来得快，去得也快。有些流言，却会对我们造成严重的心理伤害，影响我们的生活，甚至让我们钻牛角尖，无法自拔。

一直以来，玲玲都是公认的美女。读书时期，无论学校有什么庆祝活动，她总是负责礼仪方面的第一人选。读大学时，她身边的追求者就没断过。在大家的印象里，同学中最早结婚的非她莫属。但奇怪的是，29 岁的玲玲至今还是独身一人。并不是她要求特别高，她只希望能找到一个最适合自己的。

工作后，玲玲没有想到的是，这独身的状态居然成了职场流言蜚语攻击的突破口。玲玲在一家企业的公关部任职。虽然她工作积极努力，可积极的工作态度却得不到大家的认可，同一个部门的几个女孩总对她有意见，而且有意见还不当面说，只在背后打她的小报告，说她的坏话。有的说玲玲工作积极是在老板面前卖乖，想借此升职；有的说玲玲这么拼命，最终目的是想当公司的"老板娘"；还有的居然能详细地道出玲玲跟公司的老总约会的"一箩筐私情"。

玲玲也听到过这些流言，刚开始也没在意，觉得不理会她们，过段时间大家自然就不再议论了。但过了一段时间，这种议论变本加厉，有时甚至能被玲玲当面听到。时间一久，玲玲终于无法忍受，辞职离开了公司。

一场流言，让原本努力工作着的玲玲失去了工作，可见流言对人造成的伤害。流言蜚语就像一片乌云飘在头顶，看得见它，却抓不住它；一旦攻击它，却发现它软绵绵的，根本就无从下手。有些人对此并不是很在意，一笑了之；而有的人则恰恰相反，被流言搞得晕头转向，迷失前面的方向。

那么，我们在面对流言时该如何应对呢？

（1）维持自己的好形象，用他人的信任击垮流言蜚语

虽说古人早有"谣言止于智者"的忠告，但智者毕竟很少，流言也总会被传来传去。然而，"言者无心，听者有意"，经过许多人丰富的想象，也许在一番穿凿附会、改头换面之后，这些流言再加上"说闲话者"捕风捉影、添油加醋之后，传播速度更加快速，其伤害人的程度也大大增加。

流言的伤害力度非常大，如果处理不当，可能就会受到流言的波及。如果害怕流言，不敢直面流言，定会被流言击垮。而且流言往往说来就来，不知道什么时候自己就被卷了进去。所以，在人际交往的过程中，我们要注意维持自己的形象，多给他人留下好印象，得到他人的信任。这样在遭到流言席卷时，也会因为平日里建立起来的这份信任而减少流言的伤害。

（2）端正自己的态度，不轻信外界的流言蜚语

俗话说：谁人背后无人说？历史上许多著名的人物，如哥白尼、达尔文、居里夫人等，在工作、人格、个人生活方面，都曾遭受过世俗者们的无端攻击。有主见的人，对此会"任凭风浪起，稳坐钓鱼台"，采取坦然处之的态度，视若等闲。有人嘴痒，就让他去说好了，不予理睬，身正不怕影子歪。流言就像是一把软刀子，你不在意它，它也就伤不到你。

可是，面对别人的流言蜚语，很多人容易迷失方向，不能正确地认识和评价自己，甚至被流言蜚语击中，把这些流言不自觉地往自己身上揽，认为人们谈论的事情都与自己有关，结果每天疑神疑鬼，心神不安。

其实你大可不必如此。面对这些流言，你不妨端正态度，用辩证的思维去考虑，把握好应对的分寸。我们应该明白，虽然嘴巴长在别人脸上，我们控制不了，但耳朵却长在我们自己的身上，我们完全可以让那些流言"一只耳朵进，一只耳朵出"，将流言扼杀在摇篮里。法国大作家大仲马曾说："制止谗言的方法是鄙弃它，而企图驳斥它，它会跑得比你更快。"这两句话，可为那些被流言蜚语所困惑的人提供一些启示。

（3）做个智者，让流言在你这里止步

应对流言蜚语，切不可用谣言应对谣言，既不能因为谣言惹是生非，更不能在背后说人闲话，不管你是有心还是无意。更何况"言者无心，听者有意"，你不经意的一句话可能经过许多人的想象和传播，再经过一番添油加醋后，就成了名副其实的流言了。

在社会心理学中，人们把流言对个人心理与行为造成的消极影响现象称为流言效应。这种效应的影响很大，轻则让人的事业前途受到影响，重则甚至可以毁掉一个人的生命。

流言产生于两类人，一类是你的敌人，一类是你的朋友。生活中总有人

喜欢在背后论人是非，有些是出于功利的目的，有些只是逞一时口舌之快。不论哪种目的，都可能引来别人的不满，影响你的正常人际交往。

所以，在面对流言蜚语时，我们要让自己做个智者，既不散布流言，也不让流言从你这里传播出去，而是让流言在你这里止步，减少流言带来的负面效应，避免对别人造成伤害。

流言多数是长舌妇式的人传播的，这种人喜欢把话传来传去，不会对传来的话作出客观判定，也不会去思考把话传来传去有什么危害，只知道一个劲儿地传递，有时甚至还要夸大事实，以致越传越离奇。对这类人，如果能避免接触的，尽量避免。但也要防止"沉默就是默认"的错误判定，如果流言过甚，也有必要在合适的时机做出反应。

诊"聊"室

倘若你不确定自己能否管住自己的嘴，请回答一下下面几个问题。

（1）当你听到某些流言时，通常会以什么态度对待？是兴致勃勃地要弄个真伪，还是只是听听罢了？

_____

（2）你是否经常会向他人吐露自己的心事？

_____

（3）如果有人传播有关你的流言，你打算怎样处理？

_____

（4）当难以确定一件事的真伪时，你会自己认真分析再做出判断，还是会直接宁可信其有，不可信其无？

_____

（5）你会偶尔向亲近的人说几句别人的坏话吗？

_____

（6）你平时喜欢看一些小报上的八卦新闻，甚至还会把其中一些你认为有趣的事兴致勃勃地讲给别人听吗？

_____

6. 别让溢美之词泛滥成灾

会说话的人，往往也是一位善于赞美别人的人。他能抓住对方身上最闪光、最耀眼、最可爱而又最不易被大多数人重复赞美的地方，为别人戴一顶受用的"高帽子"，让对方产生一种飘飘然的幸福感。

很多人在交往时都认为，赞美别人就是要用华丽的词语堆砌，而且堆砌得越多越好，这样才能达到赞美的效果。事实并非如此，赞美也是有很多讲究的，赞美时溢美之词过多，甚至泛滥，不但不会引起对方的好感，还可能让对方觉得你很虚伪。

某农业企业举办一次肥料集中采购的招标会，各供货商代表除了介绍自己的产品之外，免不了都要称赞一下采购方。其中有一个供货商代表，各方面条件都很符合，价格也很低廉，本应该中标，但他就因为对采购方恭维过了头，称采购方做的是千秋万代的大业、划时代的革命，称企业老板虽然是农民出身，却具备学者、教授的水平，等等，溢美之词可谓滔滔不绝。结果，过分的恭维让采购方十分尴尬，这个供货商也因此失去了这笔重要的订单。

每个人都想得到他人的认同，获得别人的赞美，但赞美也要讲究新意、讲究尺度。陈词滥调的溢美之词每个人都会背，可这样的赞美不仅起不到预期效果，还会引来反感。要想引起对方的注意，必须有别具一格的赞美语言，不能让你的溢美之词泛滥成灾。

（1）赞美要恰如其分，不空泛、不过度

真诚的赞美应该是恰如其分的，不空泛，不夸大，不含糊，而且要具体、确切，所要赞美的事情也并非一定是大事，即使是别人的一个很小的优点，只要给予恰当的赞美，也能让对方感到欢喜、心花怒放。而过度的赞美反而会让对方感觉是嘲讽。

例如，有一位先生听说外国人都喜欢听别人赞美，尤其是女士，最喜欢听别人说她漂亮，后来他出国了，便想试着去赞美别人。一天，他去逛超市，迎面走来一位很胖的妇女，他就习惯性地对这位妇女说："女士，您真是太漂亮了！"不料，这位妇女狠狠地瞪了他一眼，毫不客气地说："先生，你是不是离家太久了？"

赞美的目的是要对对方表示一种肯定和欣赏，并让对方从我们的话中领会到这些含义。然而，不恰当的赞美或过分的赞美，不仅起不到这样好的作用，反而更像"拍马屁"，使对方觉得你缺乏诚意、玩世不恭，甚至是故意让他难堪。

（2）赞美如煲汤，火候才是关键

赞美对方恰如其分，会让对方感到浑身舒畅。要是你把赞美弄得过白过滥，俗不可耐，让美好的赞美变成了拙劣的吹捧，结果往往只会弄巧成拙。

日本推销大师原一平刚参加工作时，到一个小公司里去推销保险。进了办公室后，他便赞美年轻老板："您如此年轻就当上了老板，真了不起呀！能请教一下，您是从多少岁开始工作的吗？"

"17岁。"

"17岁！天哪，太了不起了！这个年龄很多人还在父母面前撒娇呢！那您什么时候开始当老板的呢？"

"两年前。"

"哇，才做了两年的老板就已经有如此的气度，真让人佩服！对了，你怎么这么早就出来工作了呢？"

"因为家里比较穷，为了能让妹妹上学，我就出来干活了。"

"你妹妹也很了不起呀，你们都很了不起！"

就这样一问一赞，最后甚至赞到了那位年轻老板的七大姑八大姨身上，越赞越远了。结果这位老板本来打算买原一平的保险的，最后被赞烦了，保险也不买了。

真正的赞美大师，非常懂得如何控制赞美的火候，将强弱分寸都拿捏得很得当，张弛有度，收发自如。而且赞美也要物以稀为贵，就像一道人间美味，如果你给对方一些品尝品尝，他会觉得味道美得难忘。但给多了，让他吃撑了，他就不觉得稀罕了。

（3）赞美的话也要有新意，别出心裁最有效

赞美的话虽然人人爱听，但千篇一律、老生常谈的那些老一套可能只会引起对方的反感，赞美也起不到应有的作用。而会说话的人往往善于实施"迂回赞术"，围绕对方关注的但又不是专长的方面进行赞美。这种别出心裁的赞美通常也最能打动对方的心，让对方立刻对你刮目相看，产生好感。

比如，一个年轻的女孩子或许长相普通，但牙齿长得很漂亮，或者皮肤很白，你如果能抓住这些地方对其加以赞美，定然能收到好的效果。也许有的人根本不在乎这些小优点，但无论如何，你的赞美一定会让她心花怒放。而如果你面对的是位美貌绝伦的女子，仍然老调重弹，夸其美得如何沉鱼落雁、闭月羞花，往往引不起她多大的兴趣，若你能找出她较不易为人所知的优点，例如字写得很好、厨艺很好等，往往能使对方感到意外的惊喜。

诊"聊"室

如果你不确定自己的说话尺度，那么可以试着回答以下问题。

（1）在朋友眼中，你是个什么样的人？有没有人觉得你就是老好人，光说好话不说坏话？

_____

（2）你周围的人中，有没有人曾提醒过你，说话应该注意分寸尺度？

_____

（3）你认为如何赞美一个人，才能把话说到对方的心坎里？

_____

（4）如果你在夸奖一个人时，发现对方并不在意，你能不能找出原因？

_____

（5）假如别人称赞你的地方却是你的短处、缺点，你会认为对方是在故意让你难堪吗？

_____

7. 过多强调理由令人反感

现在很流行这样一句话："解释等于掩饰，掩饰等于事实。"这句话虽然说得有些偏激，但仔细想想也不无道理。在很多情况下，我们总是急着为自己的行为解释，寻找各种理由推卸责任，不管自己做得对还是不对。而事情通常也不会向着我们希望的方向发展，有时甚至适得其反，你越想要辩解，事情可能会越糟糕。

耶鲁大学里有一个学生，总是对耶鲁大学的各种规章制度满腹牢骚。一旦学校的某个环节出现一点小问题，他总能列举出一大堆理由、事实，当然还附带有详细的时间、地点说明等，说得绘声绘色。如果是自己不小心犯了错，他还会将错误推到学校的各种制度身上，比如认为制度对学生过于严苛、不够人性化等。要知道，这位学生恐怕不能代表真正的耶鲁精神。而这种观念也影响着他的行为，最终让他失去了耶鲁大学的学籍。

在问题背后强调理由，推卸责任，恐怕是世界上最没有说服力的语言了。如果用两种方式来表述工作或生活中面临的同一问题，一种是对问题的客观分析以及改善建议，另一种则是消极地强调理由，作为社交中一员，你更喜欢哪一种解决问题的方法呢？

相信没有人会喜欢第二种解决方法，它甚至算不上一种解决方法。而且，经常搪塞职责的人也注定与成功无缘，因为他使用了一个低能者所惯用的生存工具——抱怨。

面对问题时，原则上的问题你可以据理力争，但如果问题真出在你自己身上，那么最好不要急于为自己寻找理由推脱，否则会给别人留下一种你很心虚甚至虚伪的印象。那么在出现这种情况时，你应该如何应对呢？你想知道方法吗？那就来看下面的内容。

（1）别轻易为自己的不负责任找理由搪塞

很多人在遇到问题时，都会像那位耶鲁大学的学生那样，找出一些冠冕堂皇的理由，以换得他人的理解和原谅，或给自己些许心理慰藉。这种做法的唯一的好处，就是能把自己的过失掩盖掉，从而得到暂时的心理平衡。

然而，这些"理由"并不是真正的理由，只是你为了推卸责任而找的借口。如果你每每遇到问题都是这种处理态度，那么大家慢慢就会觉得你是个不负责任的人，并因此而疏远你，不愿意继续与你交往下去。

在生活和工作中，每个人都不可避免地会遇到一些难题。如果你要获得良好的人际关系，就不要轻易为自己找理由推卸责任，而应多从自己身上找原因、找不足，并表示愿意积极改正错误，或请求别人帮你改正。这样，你才能给人一种诚实可信、做事认真负责的印象，为你的人际关系奠定坚实的基础。

（2）以适当的自责来换取别人的谅解

遇到问题时，一味地指责别人有时只是一种个人情绪的发泄。如果你在做了错事被人指责批评时，不但不去计较，不过分强调理由推卸责任，反而还能主动低头认错，那么指责批评你的人反倒会不好意思。这点我们看看卡耐基是怎么做的。

卡耐基经常带着自己心爱的小狗到家附近的森林公园散步。为保护游客安全，公园规定：小狗必须戴上口罩和链条才能进入公园。开始卡耐基也完全按照规定遛狗，但当他看到小狗戴着口罩一副可怜的模样时很不忍心，就将口罩和链条取下，让小狗无拘无束地在公园里玩耍。结果，公园里的警察碰巧看到了卡耐基的小狗。卡耐基见到警察慢慢走过来，自知理亏，就马上做出满面羞愧的表情向警察先开口道："警官先生，真对不起，我没有遵守规定，我有罪，您逮捕我吧！"

警察愣了一下，笑意马上爬上了他原本严肃的脸，之后他很温和地说："我知道谁都不忍心看到自己的狗一副可怜兮兮的样子，何况这里没人，所以你给它取下了口罩。这样吧，你让小狗跑到那个小山丘后头，让我看不见这件事就算了。"卡耐基就这样躲过了责罚。

卡耐基的聪明之处，就在于他没有强调自己犯错的理由，而是先向警察承认自己的错误，用自责的话堵住了警察的嘴。像这样无关大局的小事，你也可以像卡耐基一样：别急着强调你这样做的理由，而是先承认自己的错误，以显示对方的正确，抬高对方的地位，争吵自然就能避免，解决问题也会变得更加容易。

（3）即使真的不是你的错，也要委婉地解释清楚

英国思想家培根说过："交流时的含蓄与得体，比口若悬河更可贵。"在人际交往中，我们有时难免会被人误解，如果你非常直接地强调这不是你的错，而是对方的错，那么可能会伤及别人的自尊，影响你们直接的关系。

此时，不妨用含蓄、委婉的语言来表达自己的观点，并且要多用客观事实，少用你的推论，做到以理服人。你可以通过旁敲侧击的方式，表明你在这件事中的做法和观点，尽量不要指责误解你的一方的错误言行。当你"单纯"地分析过整个事情后，相信聪明的人很快就能明白你想要表达的意思。而如果你只是一味地强调自己的正确，指责别人对你的误解，或直截了当地指出他人的错误，即使你再有理，辩才再好，也难以让人接受。

诊"聊"室

若不确定自己是不是一个强词夺理的人,请回答以下几个问题.

（1）在朋友或家人眼中，你是个说话、做事都很负责的人吗？

_____

（2）如果做错了事，你是先从自己身上找原因，还是经常找客观原因来为自己开脱？

_____

（3）你的同事为了避免被罚，将错误推到你身上，你一般会怎么解决？

_____

（4）回想一下，你是否曾为了给自己争个面子，说了一些得罪朋友或同事的话？

_____

（5）你觉得失败是件很丢人的事吗？

_____

8. 没有根据地讲话，大家都不爱听

在社交中，我们经常遇到这样的人：一说起某件事情或某个观点，便滔滔不绝，长篇大论，结果深入了解后，发现他所讲的话其实毫无根据，没有任何事实证明。这样空口无凭的说辞，往往让我们很反感，觉得对方说话太没谱，不值得相信。

这也说明，在交谈聊天时，只有将自己的主张讲得有理有据、有血有肉，才能让听者信服。特别是在说服别人时，更应注意这一点，以免别人在你所陈述的道理中发现破绽，影响你的说服效果。要知道，没根没据的讲话，即使说得再动听，也只是空中楼阁，没有事实支撑，引不起大家的共鸣。

明朝的冯梦龙在《古今谭概》中讲述了这样一个故事。

有个叫刘生的人好吹嘘自己。有一次，刘生去无锡邹氏家中吊唁，有位客人问他："你为什么来得这么迟？"刘回答说："我昨天与顾状元在一条船上作诗联句，一直畅聊到深夜，所以今天来迟了。"

不久，顾九和状元也来到邹家吊唁，他并不认识刘生，就问刘生："先生贵姓？"旁边那客人讥嘲道："这就是昨天夜间与您同船联句的人啊！"刘生一听说眼前这个人就是顾状元，立刻羞得说不出话来。

刘生为了吹嘘自己，说假话、空话，结果被当众揭露出来，最终是搬石头砸了自己的脚，成了别人的笑柄。可见，没有根据的话无论如何也成不了事实，反而还会惹人耻笑。

为了避免自己在社交中出现这种尴尬境况，我们在交谈时就要注意下面几个问题。

（1）别说假话、大话、空话，免得损害自我形象

言语交际中的假话、大话、空话很常见，说话者把本来没有的事说成事实，明明自己办不到的事或暂时还办不到的事却满口应允，结果也可想而知；或者说话言之无物，以毫无实际内容的抽象原则和概念敷衍，或者成为一个常常食言的人。这些做法和言语往往很令人反感，常常给人一种不诚实、爱撒谎、浮夸或不切实际的印象。

要克服说假话、大话、空话的毛病，首先就要克服从心理上炫耀自己、贬低别人的毛病，改掉抬高自己、攻击别人的动机。其次要在语言运用上讲究具体、实在、生动，而不是浮夸。只有这样，你才能避免在说话时空话连篇，没几句实话、真话，让人反感。

（2）说话别信口开河，有真凭实据时再考虑说不说

我们经常遇到这样的情况：一些人因为不注意交际的场合、对象和情境等，信口开河，想说什么说什么，也不管这些话能不能说，或者是不是有事实依据，结果令本该和谐融洽的交谈氛围变得很尴尬，甚至最终不欢而散。

究其原因，这些人一般具有这样几个问题。

一是没注意正式场合和非正式场合的区别。通常在正式场合讲话，要经过思考，打好腹稿，知道哪些话该讲，哪些话不该讲。拿不准的事不讲，即使拿得准的，也要考虑是否该说，说出去后会不会造成不好的影响，等等。在非正式场合一般比正式场合说话要随便得多，但也要自行掌握一个度，一些涉及别人隐私的事情，也不要信口开河地想说就说。

二是没有注意严肃场合与活泼场合的区别。在活泼场合可讲的话，在严

肃场合不一定能讲。比如，在活泼场合你可以讲一个令众人捧腹大笑的故事，但这个笑话绝不可拿到吊唁场合上去讲；同样，在严肃场合可讲的话，在活泼场合也不一定能讲。

三是没有注意公开场合和私下场合的区别。如果你把只能在私下讲的话拿到大庭广众面前去讲，肯定不会受欢迎。

（3）说话讲究有理有据，才能让大家信服

"事实胜于雄辩"，有时我们可能讲一大堆道理，别人也不一定相信，但如果你拿出生动具体的事例来，马上就立竿见影。因此，讲话时讲究有理有据，才更能让大家信服，不会觉得你是在说空话、吹牛皮。

首届国际华语大专辩论会上，正反双方关于《人性本善》这一辩题进行了论辩，反方复旦队列举事实论证"人性本恶"的情况随处可见。比如二辩说道。

"人性本恶是日常生活一再向我们显示的道理。从李尔王的不孝女儿们到《联合早报》上拳击妻子脸部的丈夫们，从倒卖血浆的联合国维和部队到杀人不眨眼的拉美毒枭，恶人恶事真可谓横贯古今，不胜枚举。对方辩友，难道你还要对着《天龙八部》中恶贯满盈、无恶不作、凶神恶煞、穷凶极恶的四大恶人谈什么人性本善吗？"

二辩这段有理有据的话立刻博得了一片掌声。

说话讲究的就是真凭实据，这样才能让听的人感觉你说的有道理、有根据，也才更容易信服。

诊"聊"室

你认为自己是个能客观讲话的人吗？请回答以下问题。

（1）在大家看来，你是个理性客观的人吗？

_____

（2）你的朋友在遇到困难时，会第一个想到找你帮忙吗？

_____

（3）对于无理搅三分的人，你通常会怎么应对？

_____

（4）你怎么看待说话好夸大其词的人？你觉得自己是这样的人吗？

_____

（5）讲述某件事时，如果没有明确的事实依据，你会拿出来跟大家说吗？

_____

9. 随便发表意见并不全是好事

随着年龄的增长、知识的增加以及独立思考能力的提高，我们对生活中很多事情都会有自己的看法和观点，而且还经常会自觉不自觉地发表一下自己的意见。例如，在日常的生活和学习中，你总会遇到一些愉悦、兴奋、激动或压抑、沮丧、不平的事情，这时你就想表达出来，让别人理解你的感受或接纳你的观点。

但是，每一次意见的发表都只代表着你个人的观点，表明你个人的立场，有时你的观点和立场不一定会得到别人的认同，甚至引起别人的反驳。所以，即便你认为自己的意见和观点很正确、很有价值，随便发表也不完全是件好事，只有掌握好时机，把握关键点，发表出来才能引起别人的共鸣。否则，你可能要承担"言多必失"的后果。

欧阳修在《归田录》中曾记录了关于冯道德的一件事。后唐时期，冯道德和何凝都在中书省为官。有一天，何凝让侍者花 1600 文给自己买了双新靴子。

次日，他发现冯道德也穿了一双与自己的靴子一模一样的新靴子，就问："你的靴子花多少钱买的？"冯道德伸出左脚说："这只靴子 800 文……"没等冯道德话音落地，何凝就发火了，他对侍从说："为什么我的靴子花了 1600 文？"然后不由分说地就把侍者骂了一顿。

这时，只见冯道德不紧不慢地伸出右脚说："这只靴子也 800 文。"

众人听后，哄然大笑。急性子的何凝这才知道自己没有把话听完就发怒了，实在是冤枉了侍者，还惹来众人耻笑。

这件事虽然听起来像笑话，但也告诉了我们：听人说话，如果不等对方说完就急着发表自己的观点，可能很容易造成误会。

很多时候，我们也有这样的感受：心里的委屈想对别人倾诉一下，可对方却一直跟我们唱"反调"，一会儿打断我们的话，发表他的看法，一会儿又插进来说一说他的"光荣事迹"。这会让我们感到很不舒服，甚至有种如鲠在喉的不适感。其实，这就是对方没有仔细聆听我们的话，且总想表达自己意见的做法。相反，如果对方能安静地听我们把话说完，即便不能给我们任何有价值的见解或帮助，我们也会感到很舒服，甚至很感谢那个聆听我们说话的人。

在人际交往的过程中，我们最好不要做那个"缺乏智慧"的人，让别人反感，而是要做个有智慧的人，这样才能有更多的人喜欢你，愿意与你交往。

那么，怎样做个有智慧的人呢？

（1）发表意见要把握好时机和尺度

喜欢发表意见是一些自以为聪明的人经常展现出来的一种非常明显的求胜欲的表现，尤其是对于一些成功的、总是主持大局的管理者，这种说话方式已经成了他们的习惯。他们总是难以控制自己的表达欲望，总会在发现自己可以插上几句话的时候，跳出来提醒对方："我知道一个更好的解决方法"，"我认为这样做效果会更好"，"我觉得你的观点是不全面的"……

但事实上，喜欢抢着发表意见的人并不会受到大家的欢迎。因为你抢着说自己的想法，就等于在抢别人的话说，等于抢了他人的风头。没有人喜欢自己的风头被别人抢去，自己的观点被别人否定。久而久之，对方也会对你产生不好的看法，影响你们彼此之间的关系。

其实人与人之间的沟通，最重要的就是双方愉快的交流，这也需要交流的双方都能注意说话的策略与技巧，千万不要因说错话而失去交际的机会。所以，如果你一定要发表自己的意见，也一定要把握好时机，还要注意分寸尺度，说话之前要仔细想想，看看什么时候发表意见最合适，发表时该如何说话，哪些话应该说，哪些话不能说。只有这样恰到好处，才能既说出了自己的看法，又不会惹人反感。

（2）用心聆听讨论的焦点，有针对性地发表意见

"良好的谈吐有一半要靠聆听。"有人指出，人们之间相互对谈的缺失、弊端不一定来自谈话本身的技巧，而在于彼此太急于表达自己，缺少耐心去倾听对方的陈述。可是，如果你没有弄清对方的观点和立场的真实含义，又怎么能准确地制订出应答的方案呢？

美国著名成人教育家戴尔·卡耐基说："商业会谈并没有什么特别的秘诀，最重要的就是注意倾听对方的谈话，这比任何阿谀奉承更为有效。这是一个普遍的道理，却有着深远的意义，真正认识到这一点并真心去做的人几乎是百里挑一。"

用心聆听本身就具有一定的交流作用。专注地听别人说话，表示你对说话者的观点和说法很感兴趣，从而能给对方一种满足感，这也自然能在你们彼此之间产生一定的依赖感。

据说，爱默生就非常喜欢倾听人们说话——不论对方的身份多么卑微，因为他觉得自己能从任何人身上学到东西。

有魅力的交谈者，在与人交谈时，会在很大一部分时间内保持静默，耐心地听着别人说话、聊天，在心中默默提炼对方话语中的关键词。这样一来，当轮到他发表意见时，他才能一语中的，又快又简炼地提出自己的看法与观点，其精炼的话语、礼貌的态度，也一定会让对方大为认可。

（3）在发表意见之前，先说明意见的范围

说话时思路清晰，干脆利落，可以让听者感觉听得很顺畅、很爽，这种感觉大家应该都体会过。但在发表自己的意见时，怎样才能做到思路清晰呢？

最好的方法就是事先将你要发表的意见列出一个大致范围，比如今天要讲的话有哪几大项，以及每项的内容又如何，等等。自己把思路先理清楚了，这样在说话时也就不会前言不搭后语，思路混乱了。

而且，这样的说话方式也会让听者更容易接受，听者可以一边听你说，一边考虑下一步自己该说什么。这样一来，交谈也就能顺利地进行下去了，不至于因为谈话思路混乱而被迫停止。

要做到这一点，你平时也要多练习。即使是最简单的聊天，在开始前也可以自己先在内心思索一下：今天该聊什么话题？这些话题中的哪些内容比较有趣，可以拿出来与大家分享？等等。

诊"聊"室

假如你不知如何把握说话的时机，可以试着回答以下几个问题。

（1）你是个善于思考、谨言慎行的人吗？

_____

（2）你觉得怎样才能让自己所说的话更有分量，更能引起别人的关注？

_____

（3）你在说明自己的重要观点时，别人都不想听你说，你会怎样处理？

_____

（4）通常来说，你可以很好地把握与对方谈话或聊天的节奏吗？会不会有很多话本来该说，却没有机会说出来？

_____

（5）你是个热衷于社交的人吗？每次社交活动，你是否都能从中学到一些人际交往的技巧和礼仪等？

_____

10. 不要滔滔不绝，要懂得倾听

俗话说："爱叫的麻雀不长肉。"这句话是用来比喻那些喜欢在众人面前夸夸其谈、炫耀自己的人。这些人总是习惯滔滔不绝地表达自己的观点和想法，不顾及别人的感受和情绪，只要自己说得爽、说得痛快，别人爱怎么样怎么样。这些人有时也可能只是谈兴正浓，没注意到听者的脸色，不是有意为之，但这同样会引起听者反感，不知不觉中给自己的社交带来麻烦。

在社交当中，交谈的双方彼此都处在一个对等的地位。如果你总是一个人滔滔不绝，那么对方就没有了说话的机会，完全是你说人听了。每个人都要表现自己的欲望，你抢占了别人表现自己的机会，试想一下，别人会喜欢你吗？

在某网络营销中心客服部，客服人员接到一个电话："您好，这里是××网购中心客服部。我是068号接线员，请问有什么能够帮助您吗？"

顾客："是这样的，我在你们的购物网站上看到一套公务员的学习资料，我……"

客服人员："哦，我知道了，您一定是看的那套××公务员考试用书的套装特卖。您是应届毕业生打算考公务员吗？现在考公务员真是太难了，像千军万马过独木桥，能考上的都是很幸运的，当然这跟实力也有很大关系。那套书是著名的培训机构××编写的培训用书，大家考公务员都在用这套书，现在这套书很火的，里面还附带光盘，都是××名师讲解，对考公务员的学生来说真是再合适不过了，您……"

顾客："你啰里啰唆说了一大堆，什么乱七八糟的呀！你们网购中心的接线员都这么说话吗？我看我还是到别的网上看看吧，买本书我耳朵都快被磨出茧子了！"

世界著名记者麦开逊说："不肯留神去听别人说话，是不受人欢迎的第一表现。"你要知道，每个人都有着表达自己的欲望，你只管自己滔滔不绝地说下去，不管别人的感受，乃至不让对方有机会的说话，即使你的话题再有趣，也不会有人一直听你这样说下去。

有这样一个谚语："用十秒钟的时间讲，用十分钟的时间听。"所以，善于交际的人，往往也都是乐于倾听的人。有些时候，交谈往往是从无声开始的，也就是倾听，它才是交际成功的重要法宝。

（1）善于交谈的人，首先是一个耐心的听众

如果你只知道自己喋喋不休、滔滔不绝，全然不顾及别人的感受，对方很可能会产生一种被轻视的感受，甚至认为你是个狂妄自大、过分张扬的人，不愿与你交往。如果你能认真地倾听别人说话，至少对方会认为你是个懂得礼貌、尊重他人的人，这对他将是一个很好的激励和鼓舞。这样在你讲话时，对方也必定会很热情、很认真地倾听你说话。

古希腊一直流传着这样一句民谚："聪明的人，借助经验说话；而更聪明的人，根据经验不说话。"这句谚语也给了我们这样的启示：要做一个说话的高手，首先要学会倾听。

（2）谈话应该像打球一样，必须"有来有往"

一般而言，一个人喜欢述说自己的事胜过聆听他人说他自己的事，这是人性的一个特点。但是，交谈聊天并非只是一方说话，另一方只有听着的份儿，而应是双方都说、都听。交谈应该像打球一样，你一来、我一去，才可

称为打球，这样的交流也才是成功的交流。

所以，自己的事情说完了后，不妨给对方留点空余时间，听听对方有什么要说的；或者主动说一些对方感兴趣、擅长的话题，让对方有更多的机会表达自己。这不仅是一种礼貌的社交行为，更是对对方尊重的一种表示。

何时开口，何时沉默，是人际交往中第一种艺术表现。据说，造物主之所以赐予人类两只耳朵、一张嘴，就是希望人们多听少说。

（3）适度的沉默比滔滔不绝更能引起别人的注意

沉默是语句中短暂的间隙，是超越语言力量的一种高超的传播方式。有些人认为，只有滔滔不绝才是口才好的表现。其实不然，在该说话的时候说话，在适当的时候闭嘴，才是真正的口才好、善交际。

演讲者对沉默的作用往往最有体会。在演讲过程中，如果会场嘈杂，擅长演讲的人就会停顿一段时间不说话，以此来平息下面的窃窃私语，因为瞬间莫名的沉默会引起对方的不安，对方也会停止说话，看看到底发生了什么事。如果演讲者一直沉默，听众就会互相提醒，会场也就会很快安静下来。

在某种情况下，恰到好处的沉默是交谈中的一种最佳策略，甚至能超越语言本身的力量，能收到"此时无声胜有声"的效果。

（4）倾听时，也要表示对对方的关注

在交谈中，沉默地倾听也要把握技巧，不能等对方说完了，你还在沉默，这样对方会认为你根本没认真听，只是在应付他。所以，沉默者与说话者之间的配合也很重要。

当对方在兴致勃勃地说某件事时，你要注意记住对方话语中的重点，或用微微点头示意的方式，来表示自己正在认真倾听。任何人都希望自己在讲话时，对方能注意听，能听得很有兴趣。你所表示出来的行为和动作，其实

也相当于给予了对方一定的赞许和支持，对方自然也更乐于向你倾诉，甚至对你加倍感激，因为你满足了他倾诉的愿望，更重要的是，你还表达了对他的尊重和重视。

如果能遵循这样的说话技巧，带着谦虚诚恳的心情倾听别人，那么你就会得到越来越多人的喜欢，人际关系也会变得和谐融洽。

诊"聊"室

你不能确定自己是不是一个善于倾听的人吗？请回答以下问题。

（1）在公共场合里，当有人和你说话时，你能认真倾听吗？

_____

（2）当有人试图与你交谈或对你讲一些与你关系不大的事情时，你是怎样应对的？是耐心倾听，还是直接打断对方的话，或者采用别的方式。

_____

（3）如果对某个问题没听明白，你会不会连续多次发问，以致对方认为你过度热心或要求太高？

_____

（4）假如你在说话时，对方一副漫不经心的态度，请问你的感受是什么样的？

_____

（5）你认为只有滔滔不绝地说话，才是口才好的表现吗？

_____

Part
8
学会和陌生人说话

1. 克服紧张，自信地表达最具魅力

在人际交往中，我们经常要面对陌生人。有些人一遇到陌生人就紧张，还没等开口说话，就先在心里否定了自己，于是说出来的话也语无伦次，前言不搭后语，弄得听者莫名其妙，交谈多半也难以继续。

说话的时候充满自信，有时比你说什么更重要。如果你在跟别人说话时，声音有气无力，眼睛看着地面，不敢抬头看听者，哪怕是再优美的语言、再好的意见，也难以引起对方倾听的兴趣，更别说与你产生共鸣了。

因此，当你与人交谈，或者想表达自己的观点时，应默默地在心里把要说的话整理一下，然后大声地、充满自信地表达出来，这样，对方才能对你说出的话产生肯定的态度，并愿意继续与你探讨下去。

一个人自不自信，是可以通过说话的声音判断出来的。懦弱、胆小的人，往往说话声音也小，说话不清晰；而那些声若洪钟、说话干净利落的人，通常都是自信满满、底气十足的人。

英国保守党领袖伊恩·邓肯·史密斯，在 2002 年 9 月接受 BBC 电视台记者采访时，面色腼腆，目光茫然，看起来毫无生机。在回答记者的提问时，他用有气无力、平凡的语调攻击了托尼·布莱尔首相及其政党的政策。记者问道："您认为自己能出任下一届首相吗？"他犹豫了一下，目光下垂，语气不坚定地说："是的，我可以，但我需要努力争取。"

结果几分钟后，电视台就收到了不满意的观众的电子邮件及电话："他自己都不相信自己能成为首相，让我们如何相信他可以做我们的首相？"

"他看起来根本就不像个英国首相！"

"难道保守党再找不到别人做领导者吗？"

……

萧伯纳曾说过："有信心的人，可以化渺小为伟大，化平庸为神奇。"这表明：自信具有无穷的力量。

自信就是一种真实、坦然地面对自己的内心，不遮掩、不虚伪，享受人生的真实的心理状态。这样的自信本身就是一种魅力的展现。我们在社交中也能遇到一些很自信的人，而且你会发现，他们的身上仿佛有种魔力吸引着大家，让大家很愿意与他亲近、与他交谈。这其实就是自信的力量。

所以，如果你也想在社交中成为一个自信的人，以下几个小技巧或许可以帮助你。

（1）多练习当众说话，摆脱当众讲话的紧张与恐惧

有人曾作过一项调查，了解人们进行口才训练的原因和内心愿望，调查结果几乎是出人意料的相似。大多数人的回答都是："当人们要我站起来讲话时，我觉得很不自在，很害怕，使我不能清晰地思考，不能集中精力，不知道自己要说的是什么。所以，我的最大愿望就是能在公众面前自信、泰然地发表自己的观点，且逻辑清晰，内涵丰富，让人折服。"

可见，每个人都希望自己能在别人面前，尤其是在陌生人面前，表现出自信、坦然的姿态。要做到这一点，就要自己主动多找机会练习当众说话。如果你担心自己当众讲话时惊慌恐惧，说话语无伦次，那么不妨提前做好准备工作，比如将要讲的话牢牢记在心中，这样至少不会因为不知道讲什么而紧张。同时再配合恰当的表情和肢体语言，相信你的讲话不会太差劲。

开始几次的表现可能不能达到你的期望值，但慢慢地你就会增加信心，并且下次在发言时也一定比上一次变得更容易、更顺畅。多练习当众说话，多发言，这就是增加社交信心的"维生素"。

（2）不要过分在意别人的眼光

有些人在与陌生人交往时，总是担心自己的形象不够好，担心对方看不起自己，结果与陌生人说话时也会表现得特别紧张。

其实你大可不必如此在意别人的眼光，过分关注自己在别人眼中的形象，反而会不可避免地加重自己的紧张。尤其是在人多或重要的场合，你更会觉得周围有很多双眼睛都在盯着自己，担心自己说错话，这样不但不能帮你缓解紧张，反而还可能怕什么来什么，最终真的把话说得语无伦次。

之所以会出现这种心理，通常是因为你太把自己当回事了，以为所有人都会在意你表现得好不好、完美不完美。事实上，如果不是一些重要的商业场合的交谈，大家通常不会在意某个人话说得对不对、好不好听，更关注的是彼此聊天的气氛等。当然，前提是你的话也不能太离谱、太不好听。

如果我们能看清这一点，告诉自己说错话、讲不好也没什么大不了的，那么我们就能像平时一样面对陌生人。只要把最真实、最诚恳的自己展现在他人面前，那么即使你有小小的缺点和不足，也不会成为阻止你受人欢迎的障碍。

（3）说话声音适当大一点，自信才更有气场

如果你是个频繁出入社交场所的人，就应该知道，在进行公众演讲、开会或与陌生人打交道、聊天时，说话声音不能太没底气，而应该声音洪亮一点，让大家都能听清你在说什么。声音越低、越担心说错，你说话时反而越容易磕磕巴巴，甚至发生词不达意的情况。

因此，如果你想在第一次开口说话时就给人留下深刻的印象，那么说话时不妨让声音稍微大一点。提高声音，也会让你提高一半的自信。只有自信了，你说出的话才不至于前言不搭后语，语意表达混乱。

其实，会说话和拥有自信是相辅相成的。如果你能大胆地把自己想说的话说出来，就是一种自信，等你得到了对方热烈的回应，你的这种自信就会随之上升。而这种自信也会让你的说话声音变得清脆洪亮，并清晰地传达到听者那里。当别人对你的自信产生好感并对你刮目相看时，你在别人心中也就有了新的形象和定位。

诊"聊"室

如果你不清楚如何才能更好地克服自己在说话时的紧张情绪，请试着回答下面几个问题。

（1）在演讲或与陌生人交谈时，你会经常感到紧张吗？你最担心的问题是什么？

_____

（2）在熟悉的人面前，经常有很多话说，而在陌生人面前，却紧张得连一句话也说不出来，你有过这样的情况吗？

_____

（3）在陌生的场合，在什么情况下，你才能镇静地说话或者与他人交谈？

_____

（4）你能很镇静、自然地与一些权威人士交谈吗？

_____

（5）去朋友家做客，你会不会首先问问有没有不熟悉的人出席，如有，你的热情是否会明显下降？

_____

（6）你是否认真思考过，到底社交场合中哪些因素才是导致自己情绪紧张的"罪魁祸首"？你打算如何克服？

_____

2. 初次见面，有些说话细节要注意

老子曾说："天下难事必做于易，天下大事必做于细。"这表明了细节的重要性。与陌生人初次见面时，我们也一定要注意说话的细节，正所谓"细节决定成败"，一个不经意的细节可能会引起对方的好感，也可能会让对方感到反感。

例如，当与某人初次会面，讲话一定要有分寸，不要问及对方过多的事情，语言也不要过激，说话必须给对方留有余地，以免给对方造成心理压力及伤害。

有个女孩初到北京打工，去投奔一个亲戚。她与这位亲戚已经有很多年没见了，但当与这位亲戚见面时，她的亲戚却说："你有什么能耐呀？一没太高的学历，二也没什么本事，就凭你还想在北京混？我们北京人都没混明白，你一个外地人，还想谈发展？还是回家找个工作得了！"

女孩说："很多外地人在北京都有发展，我也想试试。"

"别人有那本事，你行吗？你看你，不善交际，不懂应酬，怎么发展？"

这一番话让女孩受了很大的打击，她感到非常难过。

在生活中，我们常常会遇到一些初次会面不注意谈话细节的人，专拣一些别人不爱听或有意回避的话说，往往令对方陷入尴尬的境地。

卡耐基曾说过："当与某人初次会面时，必须注意到一件事情，那就是：由于你们是初次会面，因此不要说得太过火，不要太过于干涉对方的事，说话必须给对方留有余地。"

熟悉的朋友在一起聊天、交谈，往往会比较轻松、自然，也能推心置腹。但与陌生人初次见面，因为不了解对方的情况，也不清楚对方的想法，交谈时常常缺乏默契。你与对方可能都非常在乎彼此对自己的看法，所以也会考虑很多。例如，对方会如何看我？我应该采取什么态度与他交流？这句话该不该说？这样说会不会让对方反感？……

因此，在初次见面时，你不能小瞧任何可能会影响到你们谈话的细节，在某些时候，这些细节往往能决定你们的谈话能否顺畅地进行下去。

那么，到底要注意哪些说话细节呢？

（1）初次交谈、聊天，谨记十个"不要"

第一，不要论人之短。初次交往时，提及双方熟悉的第三者，对缩短谈话双方的距离是一种好办法。但是，千万不要谈论第三者的短处，因为对方较易将心比心地推及到以后你会背后议论他的短处，从而对你采取戒备的心理。

第二，不要人云亦云。有些事可能比较复杂，倘若不加分析地予以传播，不仅会表现出自己缺少主见，也会影响对方对你的信任。

第三，不要自诩自夸。一句自夸的话，往往是一颗丑恶的种子，一旦由你口中播入他人的心田，便会滋长出令人生厌的幼芽。有什么成绩，应由他人去评说。

第四，不要急于应答。如果对方提出的是一个十分简单而又极其明了的问题，你大可不必脱口而出，而应在对方提问完毕后半分钟后再予以回答；而对于一个你不想回答却又无法回避的提问，含笑不答是最巧妙的回答。要是对方说话中出现错误，你想纠正，最好先肯定其中正确的部分，再帮他纠正错误，陈述自己的观点。

第五，不要谈及敏感话题。有句话说得好："女不问芳龄，男不问钱财。"

很多人虽然都明白这个道理，但有时还是忍不住问人家："你多大了？""这件衣服多少钱？""一个月待遇多少？"等隐私话题，为以后的相处下隐患。

第六，不要啰里啰唆。朴素诙谐的话语，能给人以舒畅的感觉。但是，一个人的说辞不论多么诱人，若说话啰唆、烦琐，不够简洁，就会大失光彩，使人顿觉乏味。

第七，不要急于告辞。在双方谈得兴高采烈、融洽无间的时候提出告辞不合适，而应选在自己讲完话后。这样做，既可节省时间，又可使对方的留恋之情萌生，有一种企求能再次见面的欲望。

第八，不能说起来就没完没了。有的人一张口就说个没完，介绍完自己后，接着讲自己的生活经历，不知不觉就忽略了别人不耐烦的眼神，对方最初的礼貌性笑容也会变成对你的反感。

第九，不要拿别人的缺陷开玩笑。人们常说："说者无意，听者有心。"人无完人，对于那些身体有缺陷的人，更应特别尊重，千万不能借此讥笑对方。要想做一个受欢迎的人，首先要做到心胸开阔、善解人意，不可挖苦别人的错误、过失乃至缺陷。

第十，不要明知不可问而问之。有的人无意中听说有关对方的家庭私事，为了满足自己的好奇心，便不顾对方的感受而追问不休。殊不知，有些事正是对方不愿提及的，你的不断追问会让对方十分反感。

（2）初次交谈、聊天，谨记三个"要"

第一，要以真诚、坦率示人。初次见面，大家都很陌生，对对方存有戒心或防备心理是可以理解的。但越是这个时候，真诚、坦率的交流就越显得珍贵无比。抛却虚伪做作的表情和言语，真诚地与人交流沟通，你也会很容易获得对方的好感。

第二，要先倾听后发言。在没有听到前面的语言信息时，单凭只言片语判断语境信息便发表自己的意见，难免会形成偏见。此时，不妨做个耐心的倾听者，多掌握一些对方的信息。掌握的信息较多，再与对方聊起来后就能相对深入。

第三，要得体地使用礼貌语言和谦词。善用礼貌用语，可令人满面春风、心情舒畅。所以，在与人初次见面交谈时，不妨恰当地运用一些礼貌用语，如"您好"、"很荣幸见到您"、"您贵姓"等。这些谦逊、文雅的用词，必定能让对方感到友好，从而使彼此的感情很快融洽起来。

诊"聊"室

如果你担心初次见面会给人留下不好的印象，那么请试着回答以下问题。

（1）对你来说，与人结交的主要目的是什么？是为了让自己生活热闹愉快，还是希望被人喜欢，还是希望对方能帮助你，或者还有什么其他目的？

_____

（2）如果没有熟人在场，你能很快找到彼此交谈的话题吗？

_____

（3）一个刚刚才认识的朋友，详细地向你讲述他从恋爱到失恋的全过程，并期待你的回答，你会怎么做？

_____

（4）你会经常忘记别人的姓名吗？

_____

（5）你会经常在情绪高昂时觉得干什么都有趣，情绪低落时觉得干什么都没意思吗？

（6）在即将会见重要的客人时，你事先是否会从各方面进行精心的准备，如服饰、自己的说辞及该表现的态度、动作等？

---

3. 自我介绍是赢得对方好感的重要机会

人与人之间的交往，从陌生到熟悉，往往都是从自我介绍开始的。自我介绍是向别人展示自己的一个重要手段，相当于一种自我推销，把自己推销给别人，让他人接纳并喜爱你。自我介绍好不好，直接关系到你给别人第一印象的好坏及以后交往的顺利与否。

一般来说，开始说话的前几分钟最能吸引听众，原因是：在这最初的几分钟内，每个人都会有意无意地表达真实感觉。卡耐基说："开场白是讲话者向听众最先发送的信息，它有如戏曲演出前的开场锣鼓，直接影响到听众的心态。"出色的自我介绍，不但能给人以深刻的印象，还能为自己的形象加分。

我们来看看著名相声大师马三立是怎样进行自我介绍的，其语言风格与其相声风格可谓如出一辙。

我叫马三立。立，立起来，被人打倒；立起来，又被人打倒；最后，又立起来，但愿不要再被打倒。我这个名字叫得不对，祸也因它，福也因它。

我今年85岁，体重86斤。明年我86岁，体重85斤。

我很瘦，但没有病，从小到大，从大到老，体重没有超过100斤。

现在，我脚往后踢，可以踢到自己的屁股蛋儿，还能做几个"下蹲"。向前弯腰，手还可以够着自己的脚。头发黑白各一半。牙好，还能吃黄瓜、生胡萝卜，别的老头儿、老太太很羡慕我。我们终于赶上了好年头儿。我不说了，事情在那儿明摆着，会说的不如会看的。没有三中全会，我肯定还在北闸口农村劳动。

其实，种田并非坏事，只是我肩不能担，手不能提。生产队长说：马三立，拉车不行，割麦也不行，挖沟更不行，要不，你到场上去，帮妇女们干点什么，轰轰鸡什么的……

也别说，有时候也有点用。生产队开大会，人总到不齐，队长在喇叭里宣布：今晚开大会，会前，由马三立说一段单口相声。立马，人就齐了。

看来，自我介绍确实是一种接近对方的语言艺术。一个突出的自我介绍，可以让人在瞬间对你印象深刻，并产生与你接近畅聊的想法。相反，一个蹩脚的自我介绍则可能会让你错失成功推销自己的机会。

那么，我们应该怎样来介绍自己呢？什么样的自我介绍才能给他人留下好印象？通常来说，在进行自我介绍时应注意以下几点。

（1）明确清晰地说出自己的名字

有些人在自我介绍时，经常将自己的名字一带而过，以此显示自己的谦虚态度，有时甚至别人还没来得及听清他的名字，他就转入下一个话题了。这就白白地浪费了一个让他人记住的好机会。

在介绍自己时，不妨花些心思让别人记住你的名字。因为人与人之间的交流，姓名是一个非常重要的代号。你可以从自己姓名的含义、特点等因素入手，帮助他人快速形成记忆。同时，还要准确地告诉对方你的名字的读法和写法，尤其是名字中含有一些生僻字的人，更应该清晰、准确、明朗地读一下自己的名字，免得对方记不住或记错，后面不知该如何称呼你，与你交流。

（2）介绍自己时一定要充满自信

在向陌生人介绍自己时，一定要保持良好的状态，充满自信，并随时保持微笑，以表达自己的友好。由于初次见面时，双方都想更多地了解对方，这就要求必须有一个良好的沟通环境。一个自然大方的开场白，往往能营造出一种和谐、积极、平等的沟通环境，这样的环境也能为以后的交谈奠定一个良好的基础。

所以，你在自我介绍时应表现得落落大方，不卑不亢。如果自卑扭捏，不但会影响你在他人心中的印象，还会影响你后面的整个沟通过程。

（3）自我介绍时要展现出你的独特个性

自我介绍不但是你告知对方基本情况的途径，更是展现自己优点和个性的大好机会。所以，在进行自我介绍时，你应该有针对性地展现出自己的独特个性与风格。

同时，自我介绍还能反映出一个人的逻辑思维和做事态度。在自我介绍时，我们往往需要对自己的话语进行有意识的梳理，给自己一个准确的定位。这虽然不是件容易的事，但有一个可循的规律，就是运用有新意的语言将你的基本情况表达出来，让别人看到一个立体的、生动的你。

自我介绍还要有不同的针对性，要能吸引初识者的注意，引起对方的兴趣。所以，交往对象不同，介绍的重点也不一样。你要研究对方的想法，以及你对他的价值在哪里。所谓价值，就是让对方觉得你是个有价值的人，是一个值得结交的人。

诊"聊"室

如果你不知道如何进行自我介绍,不妨通过回答以下几个问题,来认真分析一下自己。

(1)你在与陌生人初识时,能非常清晰自如地说出自己的名字、单位、职称吗?

———————————————————————————

(2)当对方向你介绍他自己时,你能不能快速提炼出他话语中的有用信息,并牢牢记住这些信息?

———————————————————————————

(3)针对你自身的特点,你认为怎样向别人介绍自己,才能让对方更容易对自己产生深刻的印象?

———————————————————————————

(4)别人给你印象最深的自我介绍是什么样的?他的介绍中最吸引你的地方是什么?

———————————————————————————

(5)如果让你帮忙引荐介绍他人,你通常都是怎样介绍的?

———————————————————————————

4. 别让肢体语言毁了你

语言的表达并不仅仅指说话，一个善于说话的人之所以能获得他人的好感，除了交谈本身的内容吸引人外，还要有一定的感染力，而这种感染力最直接的来源就是你的肢体语言。因为有声语言也有很多不足之处，这些不足正好可以借助肢体语言来弥补。

通过可见的、具有丰富表现力的动作和表情等肢体语言，并借助有声的语言，可以帮助你将要传达的内容展现出来。视、听作用双管齐下，可以让双方的交谈充满热情、快乐和轻松，也能让你给他人留下有活力、有涵养、有魅力的印象。

但是，有的人说话的同时做的动作太多，结果交谈也不成为交谈，反而成了他个人的专场表演。这样的肢体语言不仅没有帮助你建立更好的社交关系，反而还毁了你的正常社交，让你在别人眼中变得不那么可爱了。

所以，交谈时的肢体语言一定要适宜。所谓适宜，即要求动作、表情必须与说话内容、情绪、气氛协调一致，不能故作姿态、故弄玄虚甚至手口不一。

有一次，美国前总统尼克松召开了一次记者招待会。在招待会上，尼克松本来想举起双手，招呼记者们站起来。可是，他的嘴里说出来的话却是："大家请坐。"结果，这句话与他那不搭调的肢体语言让记者们大伤脑筋，不知到底该站起来还是该坐下。于是，这一说话与动作的不协调也一时成了逸闻。

在沟通、交流时使用的肢体语言往往都是无心之举，并不能让肢体语言最大限度地发挥它们的作用。所以，如果你想让肢体语言发挥出正面作用，不妨多关注一下自己对肢体语言的运用。在什么场合下，用什么动作、什么表情更能给你带来魅力、换回支持，这些都要仔细思考一番。很多时候，你的一个定格动作往往能给他人留下终生难忘的印象，其所能产生的影响力可想而知。

当然，运用肢体语言也有一些窍门。运用恰当、得体，可以给你的社交带来帮助；运用不当，反而会起到反作用。

那么，到底如何运用肢体语言，才能更好地发挥它的积极作用呢？

（1）理解不同的眼神表达的不同含义

我们经常说，在聊天或交谈时，一定要敢于并善于同别人的目光进行接触，这不仅是一种礼貌，也是彼此沟通的桥梁和纽带，可以帮助交谈双方维持一种亲密的联系，让谈话在频频的目光交流中持续不断。更重要的是，我们的眼睛还能帮助我们更好地表达我们的内心世界。

不同的眼神，往往也能表达出不同的语言含义。我们在与人交往时，善于理解不同眼神传递出来的不同意义，往往能促进彼此之间的深入交流。

不愿进行目光交流的人，通常是在企图掩饰什么或心中有什么不可告人的秘密；眼神闪烁不定，则可能有精神上的不稳定或性格上的不诚实；说话时一直不看对方，基本是懦弱和缺乏自信心的表现。

理解了这些不同的眼神所表达的不同意义，我们在与别人交流时，既能通过对方的眼神了解对方，同时也能避免自己的一些不当眼神向对方传达出不好的信息。

这里需要强调的一点是，同他人进行目光交流，并不意味着一直用眼睛盯着对方，这会让对方感到不舒服。一项研究表明，在交谈时，目光接触对方脸部的时间最好占全部谈话时间的 30% ~ 60%。如果超过这一范围，就会让对方感觉我们对他本人比对他的话更感兴趣；而低于这个界限，则表示我们对他的谈话内容和对他本人都不怎么感兴趣。这种行为也属于失礼行为。

（2）一些反映真实心理的小动作有必要多留意

摸脖子、频眨眼、舔嘴唇等，这些强迫性的动作都能反映出说话者的心理活动，而且表现的通常是说话者的不自信。说话时做出这些小动作，往往会让人从潜意识里希望借助这些小动作来掩饰这种不自信。

此外，还有许多说话时做出的小动作，也能反映出说话人的真实心理。例如，说话时不时用手摸鼻子，通常是在说谎的信号。闲聊时，很多人会用手撑着脸颊，这个动作反映的往往是没有专心听别人说话，只能用撑住自己脸颊的动作来控制自己，希望这个话题能快点结束；又或是自己想要发言，因为对方的话已经让他觉得不耐烦了。用手不停地抚摸下巴，表示的也可能是他并没有认真听你的话。不停地揉搓耳朵，表明他对你的话已经感到不耐烦，而且更想自己发言，正在努力通过这一动作来控制自己这种情绪的外露。

了解了这些小动作背后的意义，你在说话时，通过观察别人的肢体语言，也能掌握对方的心理活动，从而决定自己下一步是该继续说下去，还是马上停止，把说话的机会让给别人。

同时，你自己也要注意，当别人说话时，你的一些不满情绪也可能会通过肢体语言暴露出来，出卖你的内心活动。更重要的是，这可能会引起说话者的不满，影响你的正常社交。

（3）了解一些传情达意的表情，并将它们适当运用到交谈当中

表情主要是指脸部各部位对情感体验的反应动作。它与说话内容的配合最同步，所以使用的频率也比手势高得多。

通常来说，我们面部最常见的一些能够传情达意的表情喻示的含义有：点头，表示赞同；摇头：表示否定；昂首，表示骄傲；低头，表示屈服；垂头，表示沮丧；侧首，表示不服；咬嘴唇，表示坚决；撇嘴，表示藐视；嘴角向上，表示愉快；嘴角向下，表示敌意；张嘴、露齿，表示高兴；咬牙切齿，表示愤怒；鼻孔张大，表示愤怒；鼻孔朝人，表示轻蔑；目瞪口呆，表示惊讶；神色飞扬，表示得意，等等。

在交谈时，运用丰富恰当的表情，往往能让交流气氛更加活跃，也能让他人更愿意积极地参与到聊天、交谈中来。

诊"聊"室

假如你不确定自己说话时的肢体语言是否得当，请试着回答以下问题。

（1）在交谈或讲话时，你是否留意过自己的肢体动作？

_____

（2）你认为说话过程中的肢体动作具有哪些作用？

_____

（3）问一下你的朋友或同事，你在说话时通常会有哪些肢体动作？这些动作给他们留下了什么印象？

_____

（4）有哪些人、在什么时候讲话时，做出的肢体动作给你的印象最深刻？为什么会给你留下如此深刻的印象？

_____

（5）在强调一些重点问题时，你会注意使用手势或音调的变化吗？

_____

5. 说好结束语，为与陌生人的交谈画上完美的句号

心理学家和生理学家经过研究后认为：人的记忆和印象都会受到"记忆的系列位置"的深刻影响。换句话说，在一件事情从发生到结束的整个过程中，开头和结尾给人的印象最为深刻，往往具有左右整个记忆的作用。

在也说明，在交谈的开头和结束时，我们要说些重要的话语。例如，开头时的自我介绍以及即将结束时的结束语。尤其是最后的结束语，说好了就等于给双方的谈话画上了一个圆满的句号，同时也为下次的见面畅谈奠定了良好的基础。

相反，如果结束语说不好，或者说得过于单调、乏味，往往让人产生一种虎头蛇尾之感，甚至心里会感到有些不顺畅，之前彼此建立的好印象和愉快的畅谈也变得乏味起来。

有一次，业务员小李给一个客户打电话，推销一款公司刚刚上市的产品。在介绍了产品的各项性能后，客户很感兴趣，并表示改天抽个时间，与小王见面仔细聊聊。可是，当客户刚刚表达完这个意愿后，小李只说了句"好的"，就把电话挂了。客户的心里顿时升起一股凉意。

不久后，小李又给这个客户打电话，想约个时间见面聊聊上次的事，可客户却找了个借口推辞了，结果这单生意也没谈成。

这就足以说明，交谈时的结束语有多么重要。交谈的成败与否，有时可能在最后一刻才能真正表现出来。

相对而言，在初次见面时，也就是彼此间还比较生疏的阶段，给人留下良好的第一印象很重要；而在谈话将要结束时，即在彼此之间已经较为熟悉的阶段，"近因效应"的影响往往更明显一些。良好的第一印象能为你日后的交谈加分，但"近因效应"则让人们明白，每次与人交往都应好好表现自己，即要重视说好开场白，更要重视说好结束语，不然原来在对方心中形成的良好印象也会毁于一旦。

如何才能说好结束语，为你们彼此的交谈画上圆满的句号呢？

（1）临别时真诚而礼貌的赞誉更能打动人心

有人说："对人表示赞许，是撒向心灵的阳光雨露。"的确，真诚的赞美往往能让人如沐春风，如饮甘露。但是，如果我们能在最恰当的时刻表达出自己最诚恳的赞誉之词，那么收到的效果将会更好。

有一位女记者去采访一位著名的艺术家。这位艺术家很风趣，会谈过程中的气氛也非常融洽。这还没有什么值得特别一书的。精彩之处在于：当这位记者起身告辞时，艺术家面容诚恳地对她说："今天听到你的一席话，使我受益不少，这些意见对我以后的工作有很大帮助，真是太谢谢你了！"

这番结束语立即让这位女记者如沐春风，永生难忘。后来，她虽然没有再与这位艺术家见过面，但对这位艺术家的消息却一直很关心。这就是那番加强印象的告别语所产生的效果。

由此可见，在交谈即将结束的前一刻说出你对当天会面的感想，并使用一些诸如"绝对"、"非常"等具有强调意义的词语来表达你的感受，可以给对方留下深刻的印象。对方会因感觉到他自己的重要性而对你心生好感，并且乐意继续同你保持联系。

（2）结束讲话时，总结一下对方和你本人的看法

谈话的结束，不是只道一声"再见"就完事了，临别前也要给对方留下良好的印象，要得体而不失礼，有时还要为下一次的会面、交谈留下伏笔。

所以，在结束交谈时，不妨总结一下对方和你本人的看法，强调一下共同的观点，以达成彼此的共鸣。当然，这样做时一定要注意保持客观，不能带有偏见，并以对方能接受的方式总结。换言之，以尽可能有利的方式来描述对方的看法。

"非常感谢您同我讲的几个问题。"

"今天花费了您不少时间，真是打扰您了。"

"总的来说，您的那个想法有许多合理之处，我很赞同。"

"您的话对我有不少启发，感谢您……"

最后结束谈话时，你也可以向对方提出一些积极的希望。

"我知道您会尽可能使事情成功的。"

有些情况下，假如对方需要时间思考你的话，要过一段时间再与你谈这件事，你就需要讲一些"活话"，让有关这个问题的交谈以后能继续进行。

"如果您方便，我们可以再约个时间进一步讨论这个问题。"

（3）告别时的告别语不妨"精心设计"一番

结束交谈时的另一个关键是，应该注意再提一次对方的名字，如"那么××先生，我就告辞了"，这种说法会十分明确地向对方传达"我已经记住了你的名字"这一信息，从而让对方产生被尊重、被重视的感觉，给对方留下良好的印象。

另外，如果交谈是在你指定的场所进行的，那么在对方离开时，你至少要把对方送到门口。如果想表达你非常重视和对方的关系，最好把对方送到电梯口或是楼外，同时再说一些邀请式的告别语。

"下次有机会，欢迎您再来做客。"

"如果您下次来北京，一定要再到我们家做客。"

"今天我们就谈到这里吧，以后有时间欢迎来我家玩。"

这样的结束语是一种建立友谊的表示，常常会赢得他人的赞同与好感。

告别的话语一定要真诚而能打动人心，稍微煽情一点也无妨，重要的是让对方感受到你的"情真意切"。而且，告别语的措词一定要恰当，如果说得不好，反而会抹杀了原来的效果。根据记忆的法则，不论之前的交谈过程有多么愉快融洽，一旦结束语说得不恰当，你留给别人的印象马上就会大打折扣。

如果对方先说"今天就这样吧"，你不要只说一句"好的，再见"，而不去送对方。在这种情况下，你更要去送送对方，要让对方深深地感受到你的热情和善意。

（4）即使是逐客令，也要下得委婉动听

有朋自远方来，不亦乐乎？朋友来访，促膝长谈，表达感情，交流思想，当然是生活中的一大乐事。不过，生活中也常有一些给我们带来不便的不速之客前来拜访，或者东家长西家短唠个不停的人。此时，你只能勉强应付，焦急万分，希望对方快点结束谈话，快点离开，但又担心下逐客令会伤了彼此的感情。

在这种情况，如果你强迫自己"舍命陪君子"，只能是白白浪费时间。不妨学习一些语言技巧，将逐客令下得委婉动听一些，既不伤及对方的情面，又能让对方领会你的意思，知趣地离开，可谓两全其美。

例如，"最近我母亲身体不太舒服，医生嘱咐最好能早点休息。您看，咱们说话是否轻一些？"或者"真的很不巧，我非常希望今天能与您好好聊聊，可单位已经给我打电话，要我马上过去处理点儿事情，您看咱们改天再

聊怎么样？"

这些话虽然是一种商量的口气，但却传达了明确的信息：你的到来和与我的交谈是不合时宜的，还是请你离开吧。

诊"聊"室

如果你不确定如何结束一场交谈，请试着回答下面的问题。

（1）你认为初始语和结束语哪个更能让你对别人产生深刻的印象？

_____

（2）你每次都能很清楚地知道自己该在何时、何处结束交谈吗？

_____

（3）因为时间关系，你将结束一次交谈，你打算如何告诉对方该结束谈话了？

_____

（4）如果对方的话还没有说完，而你打算结束谈话，你会怎么说？

_____

（5）什么样的结束语，会让你对对方留下良好的印象，并迫切地希望下次能再与对方畅聊？

_____

（6）在结束交谈后，你会与别人评论谈话中的每个人吗？

_____